UMBENENNEN?!
Straßennamen und ihre Geschichte
im Berliner Südwesten

UMBENENNEN?!
Straßennamen und ihre Geschichte im Berliner Südwesten

Herausgegeben von Christiana Brennecke,
Bezirksamt Steglitz-Zehlendorf von Berlin,
Amt für Weiterbildung und Kultur, Fachbereich Kultur

Gebr. Mann Verlag · Berlin

BERLIN

Bezirksamt
Steglitz-Zehlendorf

BKF
Bezirkskulturfonds
Berlin

Fachbereich
Kultur
Steglitz
Zehlendorf

Umbenennen?! – Straßennamen und ihre Geschichte im Berliner Südwesten
Begleitband zum Ausstellungsprojekt
„umbenennen?! Berlins Straßennamen in Geschichte und Gegenwart"
Herausgegeben von Christiana Brennecke, Bezirksamt Steglitz-Zehlendorf von Berlin, Amt für Weiterbildung und Kultur, Fachbereich Kultur

Bibliografische Information der Deutschen Nationalbibliothek
Die Deutsche Nationalbibliothek verzeichnet diese Publikation in der Deutschen Nationalbibliografie; detaillierte bibliografische Daten sind im Internet über http://dnb.dnb.de abrufbar.

Gebr. Mann Verlag
Berliner Straße 53
10713 Berlin
info@reimer-verlag.de
www.gebrmannverlag.de

Gedruckt auf alterungsbeständigem Papier.

Layout und Satz: Gebr. Mann Verlag · Berlin
Einbandgestaltung: Alexander Burgold · Berlin
Umschlagabbildung: Die Spanische Allee in Berlin-Zehlendorf, Foto: Ludger Paffrath, 2024; zu diesem Straßennamen vgl. S. 7.
Schrift: Frutiger Linotype
Papier: 130 g/m² Arctic Volume White
Druck und Verarbeitung: Beltz Grafische Betriebe · Bad Langensalza

Printed in Germany

ISBN 978-3-7861-2931-8

Inhalt

Spanische Allee
70 - 42

Einleitung

Straßennamen und ihre Geschichte im Berliner Südwesten

Christiana Brennecke

Argentinische Allee, Limastraße, Mexikoplatz – auf den ersten Blick zeigt das Zehlendorfer Straßenbild eine starke Verbundenheit mit der spanischsprachigen Welt, in die sich die Spanische Allee nahtlos einfügt. Thematische Straßennamenscluster sind im Bezirk und in Berlin insgesamt an vielen Stellen zu finden. Gruppenbenennungen nach Landschaften, Tieren, Pflanzen und Persönlichkeiten werden bis heute gerne in räumlichen, thematischen und historischen Kontexten umgesetzt. Dass die Geschichte hinter einigen Straßennamen häufig nicht so harmlos ist, wie es die Namen vermuten lassen, zeigt das Beispiel der auf dem Cover abgebildeten Spanischen Allee. Am 6. Juni 1939 auf Wunsch der nationalsozialistischen Reichsregierung benannt, wurde mit der Namensgebung die Rückkehr der im Spanischen Bürgerkrieg kämpfenden deutschen Luftwaffeneinheit Legion Condor nach Deutschland gefeiert, deren Einsatz heute in erster Linie mit einem Kriegsverbrechen in Verbindung gebracht wird: der Bombardierung der baskischen Stadt Gernika am 26. April 1937, die Pablo Picasso in seinem weltberühmten Gemälde *Guernica* verarbeitet hat.

Auch wenn man dem Straßennamen seine Geschichte nicht ansieht, sind in den letzten Jahrzehnten immer wieder Diskussionen um eine Umbenennung der Spanischen Allee geführt worden. Gleichfalls seit Jahrzehnten im Fokus sind der Hindenburgdamm, die Treitschkestraße und das Straßendreieck Lans-, Taku- und Iltisstraße in Dahlem. Die Frage, wie mit aus heutiger Perspektive problematischen Straßennamen am besten umgegangen werden sollte, wird deutschlandweit immer wieder erregt diskutiert – mit zum Teil sehr unterschiedlichem Ergebnis in den einzelnen Städten und Kommunen. In Berlin, wo die Bezirke heute über die Benennung und Umbenennung von Straßen entscheiden, fällt die Antwort von Bezirk zu Bezirk unterschiedlich aus. In Steglitz-Zehlendorf beispielsweise wurde bisher der Kontextualisierung in Form von Hinweistafeln der Vorzug gegeben. Im Falle der Spanischen Allee wurde im November 1998 ein noch namenloser Platz an der Spanischen Allee in Guernica-Platz benannt, um der Opfer der Bombardierung zu gedenken und auf die Geschichte der Namensgebung der Allee aufmerksam zu machen.

Angeregt durch die wiederkehrenden Debatten um Straßennamen in allen Berliner Bezirken haben der Arbeitskreis der Berliner Regionalmuseen (ABR) und das Aktive Museum Faschismus und Widerstand in Berlin e.V. mit einem gemeinsamen Ausstellungsprojekt die Geschichte der Straßenbenennung in Berlin in den Blick genommen. Die Ausstellung „umbenennen?! Berlins Straßennamen in Geschichte und Gegenwart“, die durch die LOTTO-Stiftung Berlin gefördert wird, ist in den Jahren 2025 und 2026 in allen zwölf Berliner Bezirken zu sehen – jeweils ergänzt durch bezirksspezifische Schwerpunktsetzungen. Mit ihrem Blick auf die Historie der Straßenbenennung, auf Konjunkturen, Umbrüche und die sich wandelnde Erinnerungskultur möchte die Ausstellung zur Versachlichung der Diskussionen beitragen und dazu anregen, sich konstruktiv mit dem Thema Straßennamen auseinanderzusetzen.

Das vorliegende Buch beleuchtet mit historischen Fallstudien und aktuellen Bestandsaufnahmen aus dem Bezirk Steglitz-Zehlendorf einzelne Facetten des vielschichtigen Themas. Bereits in den 1990er Jahren hat das damalige Kulturamt Steglitz eine gemeinsam mit dem Arbeitskreis „Nationalsozialismus in Steglitz“ erarbeitete Broschüre zur

Abb. 1 Eleanor Lansing Dulles und Willy Brandt bei der Grundsteinlegung für das Studentendorf Schlachtensee, 1957
Universitätsarchiv der FU Berlin, Fotograf: Horst Siegmann / FU Berlin, UA, Foto-S, Sig. 30418

Benennung von Straßen in Berlin-Steglitz von 1933 bis 1948 herausgegeben, die wichtige Aspekte thematisiert.[1] Nun wird der Blick auf Zehlendorf ausgeweitet und das Thema vor dem Hintergrund sich verändernder erinnerungskultureller Debatten weiter gefasst. Die fehlende Repräsentanz von Frauen im Stadtraum sowie die gestiegene Sensibilität im Umgang mit militärischen, antisemitischen und kolonialen Bezügen dominieren heute die Diskussionen um Straßennamen im Bezirk Steglitz-Zehlendorf – Grund genug, sich auch mit diesen Themen in historischer Perspektive auseinanderzusetzen.

Abb. 2 Vorläufiges Straßenschild für die Klingsorstraße in Steglitz, 1930
bpk, Fotograf: Hans Schaller

Die geringe Zahl der nach Frauen benannten Straßen in Steglitz-Zehlendorf, die Claudia von Gélieu im ersten Beitrag des Buches erhebt und kontextualisiert, kann letztlich nur als erschütternd bezeichnet werden. Gerade einmal 26 Straßennamen sind als explizite Würdigung von Frauen und deren Verdiensten anzusehen. Ein zahlenmäßiger Rückstand, an dem auch das Bemühen, in Zukunft verstärkt nach Frauen zu benennen, wenig wird ändern können. Dass Frauen lange Zeit nicht als Namensgeberinnen in Betracht gezogen wurden oder Männern letztlich nahezu selbstverständlich den Vortritt lassen mussten, zeigt das Beispiel von Eleanor Lansing Dulles (1895–1996), die bis heute auf der bezirklichen Vorschlagsliste für neue Straßennamen steht. Die „Mutter Berlins", wie sie der Regierende Bürgermeister Willy Brandt 1959 nannte[2], war als Berlin-Beauftragte der US-amerikanischen Regierung von 1952 bis 1959 für die Koordination der zahlreichen Hilfsprogramme für West-Berlin zuständig. Darüber hinaus initiierte sie drei Großprojekte, von denen zwei im ehemaligen amerikanischen Sektor in Zehlendorf und Steglitz lagen: das Studentendorf Schlachtensee, das Klinikum Steglitz (heute Charité Campus Benjamin Franklin) und die Berliner Kongresshalle. In den Akten des Kunstamtes Zehlendorf findet sich ein Schriftwechsel vom Frühjahr 1959, in dem über die Benennung eines Weges im Studentendorf Schlachtensee nach Eleanor Dulles diskutiert wird, die letztlich aufgrund verwaltungsrechtlicher Unklarheiten nicht umgesetzt wurde.[3] Die große Allee neben der Kongresshalle wiederum, deren Bau Eleanor Dulles durchgesetzt hatte, wurde im Juli 1959 in John-Foster-Dulles-Allee umbenannt und ehrt bis heute den Bruder von Eleanor Dulles, der als Außenminister unter Präsident Dwight D. Eisenhower im Mai 1959 im Amt verstorben war. Selbstironisch und bescheiden wie sie augenscheinlich war, nahm Eleanor Dulles an der großen Umbenennungsfeier, so ihre eigenen Worte, als „Vertreterin der Familie" teil.[4]

Eine Bestandsaufnahme der anderen Art bietet der Beitrag von Armin A. Woy, der sich mit der militärischen Traditionspflege im Bezirk auseinandersetzt. Schon allein die Fülle an militärisch konnotierten Straßennamen im heutigen Bezirk Steglitz-Zehlendorf ist erdrückend, wenn man sie in der Gesamtschau vor Augen hat. Vor allem rund um die ehemaligen Kasernenstandorte in Lichterfelde und Lankwitz findet sich noch heute eine hohe Konzentration von Straßennamen, die an Schlachtorte und Militärs der preußischen Armee, des Deutschen Reiches und des Schill'schen Freikorps erinnern. Auch der aus heutiger Perspektive umstrittene Hindenburgdamm erhielt im November 1914 im Zusammenhang mit zahlreichen Benennungen nach im Ersten Weltkrieg kämpfenden Generälen seinen Namen.

Ein Schwerpunkt der Publikation ist mit drei Beiträgen die Umgestaltung des öffentlichen Raumes zur Zeit des Nationalsozialismus. Wie die Essays von Thomas Irmer und Dieter Fitterling zeigen, setzten die Nationalsozialisten das Mittel der Straßenbenennung und -umbenennung gezielt ein, um den Stadtraum ideologisch zu vereinnahmen. Vor diesem Hintergrund fanden in den 1930er Jahren erstmals in großem Stil Umbenennungen statt. Deutlicher noch als in Steglitz, wo es zwar sehr viele Umbenennungen gab, diese jedoch – von Ausnahmen abgesehen – weniger offensichtlich die NS-Ideologie widerspiegelten,[5] zeigte sich diese Vereinnahmung in Zehlendorf, wo NSDAP-Bürgermeister Walter Helfenstein ein ganzes Straßenviertel nach antisemitischen Vordenkern umbenannte und mit zahlreichen anderen Umbenennungen in den Stadtraum eingriff. Mit welcher Argumentation die nationalsozialistischen Machthaber dabei vorgingen, zeigt der bereits für die Broschüre von 1999 verfasste Aufsatz des 2024 verstorbenen Historikers Dieter Fitterling zum Thema „NS-Rassenpolitik, Antisemitismus und Straßenbenennung" am Beispiel des – im Gegensatz zu Zehlendorf – überlieferten Steglitzer Aktenbestandes exemplarisch.

Dass über die Benennung von Straßen Identitätspolitik betrieben wurde, zeigt auch der Beitrag von Tom Werner, der sich mit Straßenbenennungen in Dahlem auseinandersetzt. Angesichts der vergleichsweise späten und kompakten Erschließung des ehemaligen Domänengeländes im ersten Drittel des 20. Jahrhunderts gab es hier in kurzer Zeit sehr viele zunächst nummerierte Straßen gleichzeitig zu benennen. Verantwortlich hierfür war die Kommission zur Aufteilung der Domäne Dahlem, die auch für die Erschließung und den Verkauf der parzellierten Dahlemer Grundstücke verantwortlich war. Mit der Ansiedelung von Instituten der Kaiser-Wilhelm-Gesellschaft zur Förderung der Wissenschaften wurde hier zwischen Wissenschaftlern und Mitgliedern der Kommission lebhaft über die Benennung von Straßen korrespondiert. Es zeigte sich am Beispiel Dahlem aber auch die zuweilen außerordentlich schwierige Quellen- und Aktenlage, die eine Auseinandersetzung mit der Geschichte der Straßenbenennungen im Bezirk zuweilen sehr erschwert. Während es in Steglitz gesammelte Straßenbenennungsakten gibt, die – beispielsweise für die Jahre des Nationalsozialismus – ein recht einheitliches Bild vermitteln, sind aus Zehlendorf und Dahlem keine geschlossenen Aktenbestände überliefert. Öffentliche Diskussionen über die Gründe für die Auswahl eines Namens sind bis in die 1970er und 1980er Jahre kaum geführt oder zumindest nicht abgebildet worden, sodass in vielen Fällen nur die erhaltenen bezirksamtsinternen Schreiben Hinweise geben können. Schaut man sich diese Dokumente an, wird zuweilen mehr über die Frage der Zuständigkeiten debattiert als über inhaltliche Aspekte. Es wird jedoch deutlich, dass seit der Übertragung des Benennungsrechtes vom Senat auf die Bezirke zum 1. Januar 1967 in den Bezirksverordnetenversammlungen und in den für Straßen und Verkehr sowie für Kultur zuständigen Ämtern immer wieder über die Frage der (Um-)Benennung von Straßen diskutiert wurde – sei es, weil neue Straßen entstehen, für die ein Name gefunden werden muss, weil Doppelbenennungen beseitigt werden sollen oder weil es zu einzelnen Straßennamen neue historische Erkenntnisse gibt, die eine Umbenennung wünschenswert erscheinen lassen. Die Benennung, Umbenennung und Kontextualisierung von Straßen(namen), die in den folgenden Essays vertieft wird, begleitet die Geschichte des Bezirkes seit mehr als 100 Jahren.

Anmerkungen

1 Kulturamt Steglitz (Hg.), „Straßenname dauert noch länger als Denkmal". Die Benennung von Straßen in Berlin-Steglitz 1933–1948, Berlin 1999.

2 Gerhard Keiderling, „The Mother of Berlin". Eleanor Lansing Dulles (1895–1996). In: Berlinische Monatsschrift Heft 3/2001, S. 94.

3 Archiv Haus am Waldsee, Fachbereich Kultur Steglitz-Zehlendorf.

4 Dina Koschorreck, HKW 1959: Warum die „Zeltenallee" zur „John-Foster-Dulles-Allee" wurde, https://archiv.hkw.de/de/hkw/geschichte/geschichte_kongresshalle/1959.php (abgerufen 27.11.2024).

5 Doris Fürstenberg, Stadt, Land, Fluß, Name… Straßenbenennung in Steglitz von 1933 bis 1948. In: Kulturamt Steglitz 1999, S. 3.

Maria-Rimkus-Weg
1 – 11b

(Stadt-)Planmäßige Diskriminierung?

Nach Frauen benannte Straßen in Steglitz-Zehlendorf

Claudia von Gélieu

Aus Protest gegen die Diskriminierung von Frauen bei der Straßenbenennung[1] wurden am Internationalen Frauentag 1996 entlang der Schloßstraße symbolisch Frauennamen an den Straßenschildern angebracht. Die Aktion war von der Frauenbeauftragten des Bezirks, Sigrid Mazur, organisiert worden. Die Joachim-Tiburtius-Brücke wurde Berlins erster Ärztin Franziska Tiburtius gewidmet. Die Wrangelstraße hieß an diesem 8. März nach Margarethe von Wrangell, der ersten ordentlichen Professorin in Deutschland, deren Karriere als Wissenschaftlerin bei der Kaiser-Wilhelm-Gesellschaft in Dahlem begonnen hatte. Für die Schloßstraße als der wichtigsten Einkaufsmeile des Bezirks wurde als neuer Name „Verkäuferinnenstraße" ausgewählt und an den Straßenschildern sichtbar gemacht. Die Verkäuferinnen, die nach Ladenschluss aus den Geschäften kamen, zeigten sich hocherfreut über diese Würdigung ihrer Arbeit. Doch sie war leider nur vorübergehend.

Wichtiger als Straßennamen oder Gendersternchen seien andere frauenpolitische Maßnahmen, wird immer wieder behauptet. Doch Gleichberechtigung und das Sichtbarmachen von Frauen und ihren Verdiensten hängen zusammen: Die vielen Männerstraßennamen, -denkmäler und -gedenktafeln und das Fehlen der Frauen im Stadtbild suggerieren, dass nur Männer gesellschaftlich Wichtiges vollbringen können. Dabei ist das ungleiche Geschlechterverhältnis nicht zuletzt eine Folge davon, dass lange Zeit allein oder mehrheitlich Männer über Ehrungen und die Kriterien dafür entschieden haben. Und wenn Straßennamen tatsächlich so nebensächlich sind, warum wird dann nicht einfach nur noch nach Frauen benannt? Vorschläge dazu – auch mit Ortsbezug zu Steglitz-Zehlendorf – gibt es genügend.

Wie viele Straßen im Bezirk sind nach Frauen benannt?

Auf eine Anfrage der Bezirksverordneten Irene Köhne hin bezifferte das Bezirksamt 2008 die Zahl der nach Frauen benannten Straßen in Steglitz-Zehlendorf mit 53 und ihren Anteil an allen Straßen mit 4,2 Prozent. Verifizierbar sind diese Angaben nicht. Der Bezirk verfügt über keine Liste, aus der hervorgeht, nach welchen Personen und mit welcher Begründung Straßen benannt wurden. Bei älteren Steglitz-Zehlendorfer Straßen fehlen zudem die heute vorgeschriebenen Ergänzungsschilder, die darüber Aufschluss geben könnten.

Nach Berechnungen des Arbeitskreises Stadtraum des rassismus- und kolonialismuskritischen Vereins Decolonize Berlin betrug der Anteil der Frauen an den nach Personen benannten Straßen 2022 in Steglitz 14,6 Prozent und in Zehlendorf 9,06 Prozent. Für den gesamten Bezirk wurden 502 „historisch männliche" und 35 „historisch weibliche" Namensgeber*innen gezählt.[2] Allerdings wurde der Oskar-Helene-Park anders als andere Doppelbenennungen nach Männern und Frauen nicht als weiblich mitgezählt, der Ruth-Andreas-Friedrich-Park nicht berücksichtigt, der Boraweg und der Mutter-Mochow-Weg wurden als männlich und der Kronprinzessinnenweg und die Frauenstraße als neutral gewertet. Fragwürdig erscheinen auch die von Decolonize Berlin verwendeten Kategorien, denen zufolge 35 der Steglitz-Zehlendorfer „Frauenstraßen" nach historisch realen, neun nach fiktiven und mythischen, zwei sowohl nach weiblichen als auch männlichen Personen benannt sein sollen und 25 weibliche Vornamen tragen. Die hierfür als Quellen angeführten Verzeichnisse von Wikipedia und Kaupert liefern dazu nicht immer Angaben.

8. März 1996
17:30 Uhr

Stadtrundgang: Frauen auf Steglitzer Straßenschilder

Treffpunkt
Forum Steglitz

Von insgesamt 624 Steglitzer Straßen tragen 264 Männernamen	**Bornstraße** David Born (1817-79); Direktor u. Inhaber mehrerer Berliner Baugesell., u.a. ab 1871 Landhauskolonie Friedenau	**S**	**Schöneberger Str.** Straße nach Schöneberg, Dreifachbenennung	Nur 6 Mal wurden in Steglitz Frauen aufgrund ihrer gesellschaftlichen Verdienste mit einem Straßennamen geehrt - darunter 3 Monarchinnen.
Helene Lange (1848-1930) Frauenrechtlerin, unterrichtete an der Höheren Mädchenschule von Adelhaid Krahmer in Lichterfelde, setzte das Mädchenabitur durch **Hildegard Wegscheider** (1871-1953) Preußens 1. Abiturientin, Doktorandin und Schulrätin, Wohnung und Dienststelle in Lichterfelde	**Gutsmuthstraße** Christoph Gutsmuth (1759-1839), Pädagoge, Mitbegründer des Turnvereins, Doppelbenennung	**c**	**Feuerbachstraße** Anselm Feuerbach (1829-80), Maler	**Hannah Höch** (1889-1978) Malerin, gehörte zu den Mitbegründerinnen des Dada-Clubs, der seinen Sitz in Steglitz hatte, auch andere Malerinen wie Paula Becker-Modersohn und Charlotte Berend-Corinth fehlen im Berliner Stadtbild
Anna Pappritz (1861-1939) engagierte sich gegen die Diskriminierung von Prostituierten, wohnte in der Markelstraße	**Markelstraße** Karl Markel, Deutsch-Engländer, der sich während des 1. Weltkriegs um die deutschen Kriegsgefangenen bemühte	**h**	**Floraplatz** altrömische Frühlingsgöttin, Doppelbenennung	**Flora Tristan** (1803-1844), französische Sozialistin und Schriftstellerin
Lydia Rabinowitsch-Kempner (1871-1935) 1. Professorin in Berlin, leitete das bakteriologische Institut des Krankenhaus Moabit, 1933 als Jüdin entlassen, wohnte in Lichterfelde	**Treitschkestraße** Heinrich v. Treitschke (1834-1896), Prof.f.Geschichte an der Berliner Universität, Antisemit, Gegner des Frauenstudiums	**l**	**Tiburtius-Brücke** Joachim-Tiburtius (1880-1967), Senator für Volksbildung	**Franziska Tiburtius** (1843-1927), erste Ärztin in Berlin, betrieb eine Poliklinik für Frauen
Die Straßen im Neuköllner Neubaugebiet Rudower Felder sollen nach Gräsern, und Pflanzen benannt werden; wir fordern stattdessen Frauenstraßennamen	**Ahornstraße** Laubbaum	**o**	**Hubertusstraße** Bischof von Lüttich (656-727), Schutzherr der Jagd; sechs Mal (!) in Berlin	**Marianne Hapig** (1894-1973) kath. Fürsorgerin, half verfolgten jüd. Menschen, wohnte in der Marienstraße bei
Emmerweiber Frauen, die die Fäkalieneimer aus den Häusern abholten, solange es noch keine Kanalisation gab	**Zimmermannstraße** Julius Zimmermann (1834-1902), 1875-1901 Bürgermeister von Steglitz, er führte u.a. die Kanalisation ein	**ß**	**Deitmerstraße** Josef Deitmer (1865-1929), Pfarrer und erster Weihbischof von Berlin	**Marianne Plünder** (1898-1980) Dozentin an der kath. Frauenschule, betreute 1933-1945 verhaftete Widerstandskämpfer/innen
Lilly Reich (1885-1947) berühmte Innenarchitektin, leitete die Weberei des Bauhauses in Steglitz, nach 1933 Berufsverbot	**Muthesiusstraße** Hermann Muthesius (1861-1927), Architekt, verunglückte hier tödlich	**S**	**Kieler Straße** nach der Stadt Kiel	**Rosa Luxemburg** (1871-1919) Dr.Ök., Politikerin, wohnte seit 1912 in Südende, wurde in der Novemberrevolution, die in Kiel begonnen hatte,ermordet, in Mitte heißt eine Straße nach ihr
Ingeborg Drewitz (1923-1983) Schriftstellerin, die Stadtbibliothek in der Grunewaldstraße trägt ihren Namen	**Grunewaldstraße** Straße Richtung Grunewald Dreifachbenennung	**t**	**Düppelstraße** nach dem Rittergut des Prinzen Karl Friedrich, das nach der Erstürmung der Düppeler Schanze benannt wurde; Doppelbenennung	**Hannah Arendt** (1906-1975) bekannte Philosophin, lebte einige Monate in Steglitz, bevor sie 1933 ins Exil gehen mußte
Magarethe von Wrangell (1877-1932) Chemikerin, 1. Hochschullehrerin in Deutschland	**Wrangelstraße** Friedrich Heinrich Ernst Graf v. Wrangel (1784-1877), preuß. Generalfeldmarschall, Unterdrücker der 48er Revolution, Oberbefehlshaber im preuß.-öster.Krieg. Sommersitz im Wrangelschlößchen; Doppelbenennung	**r**	**Hermann-Ehlers-Platz** Hermann Ehlers (1904-54), CDU, seit 1951 Bundestagspräsident	**Elly Heuss-Knapp** (1881-1952) Lehrerin und Politikerin, lebte viele Jahre in der Kamillenstraße in Steglitz, engagierte sich für das Frauenwahlrecht, initiierte als Frau des ersten Bundespräsidenten das Müttergenesungswerk
Betty Hirsch (1873-1957) erblindete mit 12 Jahren, entwickelte eine Berufsfachschule für Blinde, die 1949 der Steglitzer Blindenschule angegliedert wurde	**Braillestraße** Louis Braille (1809-52), Erfinder der Blindenschrift	**a**	**Albrechtstraße** Karl Albrecht (1819-1904), Steglitzer Gemeindeverordneter, hat sich um die Anlegung der Eisenbahnhaltestelle verdient gemacht, 1863 ließ er den "Albrechtshof" erbauen	**Henny Porten** (1890-1960) erster großer deutscher Filmstar, wuchs in der Albrechtstraße auf, in der Nazi-Zeit Filmverbot, weil sie sich nicht von ihrem jüd. Mann scheiden ließ
1946 sollte die Schmidt-Ott-Straße in Manckestraße umbenannt werden; **Käthe Mancke**, die Mitbegründerin und langjährige Führerin des Mädchenwandervogels, wohnte in dieser Straße.	**Waetzoldstraße** Stephan Waetzold (1840-1904), Pädagoge und Dichter, Prof. an der Kriegsakademie und der Berliner Universität	**ß**	**Bäkequell** benannt nach der Bäke (niederdeutsch für Bach)	
Ruth Andreas-Friedrich (1901-1977) Schriftstellerin, Antifaschistin, lebte in Steglitz, die Straße führt zum Ruth-Andreas-Friedrich-Park	**Am Fichtenberg** Straße zum Fichtenberg	**e**	**Hindenburgdamm** Paul v. Hindenburg (1847-1934), Feldherr im 1. Weltkrieg, ab 1925 Reichspräsident	**Käte Duncker** (1871-1953) Lehrerin, Arbeiterinnenbewegung, Mitinitiatorin des Internationalen Frauentages, führende SPD-Kriegsgegnerin während des 1. Weltkriegs, wohnte in der Rotdornstraße in Steglitz

Inhalt: Claudia v. Gélieu **Veranstalterin: Frauenbeauftragte Steglitz** **Begleitung: uSAMBAras i.W.**

Abb. 1 Plakat der Protestaktion „Frauen auf Steglitzer Straßenschildern" am 8. März 1996
FFBIZ – das feministische Archiv e.V.

Bei Kaupert finden sich hinsichtlich der Zuordnung von Straßennamen zu einer historischen Persönlichkeit häufig mehrere Alternativen mit dem Hinweis: „Der genaue Namensbezug ist nicht bekannt". Das gilt vor allem für die zahlreichen Straßen mit weiblichen Vornamen. Klaus Katzur schreibt diese wohl deshalb in seinem Buch „Berlins Straßennamen" auch eher selten konkreten Personen zu.[3]

Dem vorliegenden Beitrag liegen Recherchen zugrunde, denen zufolge es in Steglitz-Zehlendorf 78 weiblich benannte Straßen gibt (Stand Dezember 2023). Doch nur für 26 dieser Straßen konnte eine Würdigung einer konkreten Person durch die Namensgebung eruiert werden [siehe Tabelle].

Nur zwei der 19 Benennungen nach adligen Frauen fallen in diese Kategorie, da Adlige zwar häufig, aber in erster Linie wegen ihres Standes geehrt wurden. Anders sieht es aus beim Königin-Luise-Platz und bei der Königin-Luise-Straße: Sie erhielten ihre Namen, nachdem sich dort die Königin-Luise-Stiftung niedergelassen hatte, deren Gründung und Benennung wegen des Engagements von Königin Luise für Frauenbildung erfolgt war.

Bei der Steglitzer Menckenstraße ist davon auszugehen, dass mit ihr der Beitrag der Mutter von Reichskanzler Otto von Bismarck zur Karriere ihres Sohnes gewürdigt wurde.

Anders als bei Kronprinzessinnenweg und Jungfernstieg, welcher nach dem berühmten Hamburger Pendant heißt, gehört die Frauenstraße zu den 26 Straßenamen, deren konkrete Geschichte sich recherchieren ließ. Die Namensgebung soll 1893 wegen des nahegelegenen „Vereins Frauenheim" geschehen sein. Nach dem Berliner Adressbuch besaß dieser in der Bismarckstraße 1 (heute Morgensternstraße) ein Haus, in dem Witwen, Pensionärinnen, Privatieren und Rentieren lebten – offenbar in einer Art Wohngemeinschaft für alleinstehende ältere wohlhabende Frauen.

Nicht mehr relevant für die vorliegende Auswertung ist die Mütterstraße (heute Viernheimer Weg), die es von 1938 bis 1947 in Zehlendorf gab.[4] Sie lag in der für SS-Familien errichteten Siedlung.[5] Mit auf ihre „Rassereinheit" überprüften Ehefrauen als Mütter wollte Heinrich Himmler aus der ihm unterstellten SS eine Zuchtelite machen. Der zentrale „Führerplatz" der Siedlung wurde 1947 in Selmaplatz umbenannt. Dabei soll es sich um einen weiblichen Vornamen ohne konkreten Personenbezug handeln.

Mit Straßennamen gewürdigte Frauen in Steglitz-Zehlendorf				
1	Anna-Mackenroth-Weg	Anna Mackenroth (1861–1936), Schweizer Juristin	Lichterfelde	2000
2	Anna- und Hermann-Muthesius-Steig	Anna Muthesius (1870–1961), Innenarchitektin, Modereformerin („Das Eigenkleid")	Nikolassee	2023
3	Boraweg	Katharina von Bora (1499–1552), Unterstützerin der Reformation, Ehefrau von Martin Luther	Lankwitz	1926
4	Elisabeth-Feller-Weg	Elisabeth Feller (1910–1973), Schweizer Unternehmerin und Kunstmäzenin	Lichterfelde	2000
5	Ellen-Widmann-Pfad	Ellen Widmann (1894–1985), Schweizer Schauspielerin	Lichterfelde	2000
6	Frauenstraße	Benennung nach dem „Verein Frauenheim", Bismarckstraße 1 (heute Morgensternstraße)	Lichterfelde	1893
7	Hahn-Meitner-Platz	Lise Meitner (1878–1968), Physikerin	Wannsee	2008
8	Hanna-Renate-Laurien-Platz	Hanna-Renate Laurien (1928–2010), CDU-Politikerin, Berliner Senatorin, Präsidentin des Berliner Abgeordnetenhauses	Lankwitz	2016

9	Hedwig-und-Georg-Flatow-Platz	Hedwig Flatow (1882–1944), Sprachlehrerin, Sozialdemokratin, ermordet in Auschwitz	Zehlendorf	2014
10	Helene-von-Mülinen-Weg	Helene von Mülinen (1850–1924), Schweizer Frauenrechtlerin	Lichterfelde	2000
11	Ines-Bolla-Pfad	Ines Bolla (1888–1953), Schweizer Frauenrechtlerin	Lichterfelde	2000
12	Johanna-Spyri-Weg	Johanna Spyri (1827–1901), Schweizer Schriftstellerin, Verfasserin von „Heidi"	Lichterfelde	2000
13	Johanna-Stegen-Straße	Johanna Stegen (1793–1842), „Heldin" der Kriege gegen die Besatzung durch Napoleon	Steglitz	vor 1913
14	Königin-Luise-Straße und -platz	Luise von Mecklenburg (1776–1810), preußische Königin, engagierte sich für Frauenbildung. Benennung nach der dort ansässigen Königin-Luise-Stiftung	Steglitz, Lichterfelde, Dahlem	1906
15	Krahmerstraße	Adelheid Krahmer (1841–1929), Begründerin und Leiterin der ersten höheren Mädchenschule in Lichterfelde	Lichterfelde	1925
16	Lucie-Strewe-Platz	Lucie Strewe (1887–1981), rettete jüdischen Menschen das Leben in der NS-Zeit	Zehlendorf	2018
17	Maggy-Breittmayer-Pfad	Maggy Breittmayer (1888–1961), Schweizer Violinistin	Lichterfelde	2000
18	Marga-Meusel-Platz	Marga Meusel (1897–1953), Mitarbeiterin der evangelischen Gemeinde Zehlendorf, engagierte sich in der NS-Zeit für verfolgte jüdische Menschen	Zehlendorf	2011
19	Maria-Rimkus-Weg	Maria Rimkus (1910–2001), „Stille Heldin" und „Gerechte unter den Völkern" (Gedenkstätte Yad Vashem)	Lankwitz	2023
20	Marie-Vögtlin-Weg	Marie Heim-Vögtlin (1845–1916), Schweizer Medizinerin	Lichterfelde	2000
21	Menckenstraße	Wilhelmine Luise Mencken (1789–1839), Mutter von Reichskanzler Otto von Bismarck	Steglitz	1910
22	Mutter-Mochow-Weg	Anna Mochow (1877–1952), Gastwirtin	Nikolassee	1987
23	Oskar-Helene-Park	Helene Pintsch (1857–1923), Fürsorge für körperlich beeinträchtige Menschen, 1914 mit ihrem Ehemann Stifterin des Oskar-Helene-Heims	Dahlem	2012
24	Ruth-Andreas-Friedrich-Park	Ruth Andreas-Friedrich (1901–1977), Journalistin, leistete Widerstand gegen den NS	Steglitz	1990
25	Scharfestraße	Sidonie Scharfe (1834–1909), Stifterin, Grundbesitzerin in Zehlendorf	Zehlendorf	1896
26	Sophie-Taeuber-Arp-Weg	Sophie Taeuber-Arp (1889–1943), Schweizer Malerin, Bildhauerin, Tänzerin	Lichterfelde	2000

Nur sechs Straßen wurden nach Frauen benannt. Lediglich eine davon ist eine größere Hauptstraße, nämlich die Königin-Luise-Straße. Ansonsten erfolgte die Würdigung der Frauen mit „Wegen" (9), „Plätzen" (5), „Pfaden" (3), „Parks" (2) und einem „Steig". Häufig sind damit, wie beim Marga-Meusel-Platz, keine Anschriften verbunden. Beim Ruth-Andreas-Friedrich-Park fehlt ein Schild am Zugang von der Lepsiusstraße; Informationen zur Namensgeberin gibt es erst mitten in der Grünanlage. Vier Frauen müssen sich – wie etwa beim Hahn-Meitner-Platz – ihre Ehrung mit einem Mann teilen. Weitere fünf Straßen sind nicht sofort als nach Frauen benannt erkennbar, weil – anders als sonst bei Benennungen nach Frauen üblich – die Vornamen weggelassen wurden.

Vor 1990 gab es überhaupt nur acht Straßennamen in Steglitz und Zehlendorf, mit denen Frauen gewürdigt wurden. Davon stammten fünf aus dem Kaiserreich, zwei aus der Weimarer Republik und lediglich eine aus der Zeit zwischen 1945 bis 1989. Von den 18 Benennungen ab 1990 erfolgte die Hälfte im Jahr 2000 in einem Lichterfelder Neubauviertel. Die neun Schweizerinnen, die dort geehrt wurden, machen mehr als ein Drittel der 26 mit einem Straßennamen gewürdigten Frauen aus. Ihre Zahl liegt damit auch über den sieben, die in Steglitz-Zehlendorf selbst gewirkt haben. Dabei soll es bei Benennung nach Personen möglichst einen Ortsbezug geben.[6]

Frauenstraßenviertel in Steglitz-Zehlendorf

Dass es neun Schweizerinnen auf die Straßenschilder in einem Lichterfelder Neubauviertel schafften, ist auf die Lage des Viertels zurückzuführen. Das neue Wohngebiet entstand auf dem Übungsgelände der ehemaligen Kaserne der Gardeschützen. Da diese ursprünglich aus dem heutigen Schweizer Kanton Neuchâtel stammten, das bis 1848 zu Preußen gehörte, wurden viele Straßen nach Schweizer Orten benannt. Dieser Bezug wurde mit dem Schweizer Frauenviertel fortgeschrieben.

In dem von der „Zehlendorf Grunewald AG" erschlossenen und bebauten Gebiet zwischen Clayallee und dem Fischtalpark erhielten zwischen 1906 und 1914 sieben Straßen weibliche Vornamen. Manche Quellen führen die Sophie-Charlotte-Straße auf die erste preußische Königin und die Hertastraße auf die germanische Göttin zurück. Warum aber sollte sich ein Straßenname auf eine historische und ein weiterer auf eine mythische Frau beziehen, während es für die anderen fünf weiblichen Vornamen keinerlei solcher Hinweise gibt? Naheliegender ist, dass die Baugesellschaft mit weiblichen Vornamen auf die Lieblichkeit der Wohngegend verweisen wollte, wie es für das aus der gleichen Zeit stammende „Frauenviertel" in Hohenschönhausen überliefert ist.

In Lankwitz nordöstlich der Kaiser-Wilhelm-Straße liegt das älteste „Frauenviertel" des Bezirks. Bis auf zwei Straßen erfolgte deren Benennung 1894 zusammen mit der Kaiser Wilhelm I. gewidmeten Hauptstraße. Ob die Namensgeberinnen Verwandte des Kaisers sind und wenn ja, welche Luise, Elisabeth, etc. gemeint sein könnten, darüber herrscht Uneinigkeit. Eine eindeutige Zuordnung ergibt sich, wenn nur Zeitgenossinnen Wilhelm I. in Betracht gezogen werden. Erst nach dem Einheiraten von Cecile Herzogin von Mecklenburg-Schwerin in die Hohenzollernfamilie kam 1906 die Cecilienstraße dazu. Die schon 1878, also lange vor den anderen benannte Amalienstraße könnte auf eine Frau zurückgehen, die hier Grund und Boden besaß oder zu den Erstbewohner*innen gehörte. Solche Beispiele finden sich öfter in Berlin und auch in Steglitz, wo die Elisenstraße nach Elise Luise Mathilde Mannstaedt benannt sein soll, die in dieser Straße in einer Villa lebte.

Auch auf der südwestlichen Seite der Kaiser-Wilhelm-Straße gibt es ein „Frauenviertel" mit weiblichen Vornamen auf den Straßenschildern. Für die Barbara-, die Brigitte- und die Ursulastraße ziehen einige Quellen weibliche Heilige als Namenspatroninnen in Betracht. Wahrscheinlicher für die Namenswahl erscheint jedoch die Existenz einer höheren Mädchenschule in der Straße, die 1918 Barbarastraße benannt wurde. Bei der

Abb. 2 (links) Elisabeth Schmitz (1893–1977)
Foto: Privatbesitz/Reproduktion: Gedenkstätte Deutscher Widerstand

Abb. 3 (rechts) Gedenktafel für Elisabeth Schmitz in der Barbarastraße 9 in Lankwitz
Foto: Wikimedia Commons, OTFW, CC BY-SA 3.0

Schule handelt es sich um das heutige Beethoven-Gymnasium, dessen Gebäude 1913/14 für das Lankwitzer Lyzeum errichtet worden war. Dort konnten Mädchen einen Realschulabschluss machen und ab 1939 auch das Abitur. Während der NS-Zeit hieß die Schule nach der Pädagogin Auguste Sprengel, deren Engagement für „deutsche Frauenschulen", in denen die Mädchen auf ihre Rolle als Mütter und Hausfrauen vorbereitet wurden, im Sinne der NS-Ideologie war. Bei der Umbenennung 1948 wurde die Chance vertan, an die widerständige und mutige ehemalige Lehrerin Elisabeth Schmitz zu erinnern. Sie war 1933 an diese Schule strafversetzt worden und hatte 1939 gekündigt, weil sie die NS-Ausrichtung nicht länger mittragen wollte. Innerhalb der Bekennenden Kirche setzte sie sich dafür ein, dass die Gemeinden gegen die Ausgrenzung der jüdischen Bevölkerung protestieren und den Verfolgten helfen, so wie sie es selbst tat.

Andere Würdigungen von Frauen im öffentlichen Raum

In Steglitz-Zehlendorf gibt es neun Schulen, die nach Frauen benannt sind, sechs öffentliche und drei private. Drei sind Grundschulen,[7] sechs Oberschulen.[8] Auf höhere Mädchenschulen gehen nicht nur die Königin-Luise-Stiftung, das Droste-Hülshoff-Gymnasium und das Beethoven-Gymnasium zurück, sondern auch die Fichtenberg-Oberschule und das Goethe-Gymnasium. Nach der Begründerin des Goethe-Gymnasiums, Adelheid Krahmer, wurde in Lichterfelde 1925 auf ausdrücklichen Wunsch der Lichterfelder Bevölkerung eine Straße benannt, was durch die Beschränkung auf den Nachnamen und das Fehlen eines Hinweisschildes jedoch nicht klar ersichtlich ist.

Wie Frauengeschichte trotz weiblicher Namensgebung unsichtbar gemacht wird, dafür ist das Droste-Hülshoff-Gymnasium ein Beispiel. Das 1938 nach der berühmten Dichterin Annette von Droste-Hülshoff benannte Gymnasium wurde 1885 von Flora Köppler als erste höhere Töchterschule Zehlendorfs gegründet und von ihr geleitet, bis sie nach der Übernahme der Schule durch die Gemeinde 1904 durch einen Mann ersetzt wurde. Der Hinweis auf Flora Köppler auf der Website des Gymnasiums wird deren Wirken kaum gerecht.[9]

Bei der Helene-Lange-Schule wurde statt einer Steglitz-Zehlendorferin eine überregionale Pionierin der Mädchenbildung gewürdigt. Sie trägt den Namen einer Frauenrechtlerin, die mit ihrem Angebot von Realschul- und Gymnasialkursen 1889 beziehungsweise 1893 jungen Frauen höhere Schulabschlüsse bis hin zum Abitur eröffnete. Informationen hierzu gibt es jedoch auf der Homepage der Steglitzer Oberschule nicht.

Auch die Hauptbibliothek des Bezirks ist nach einer Frau benannt: nach der Schriftstellerin

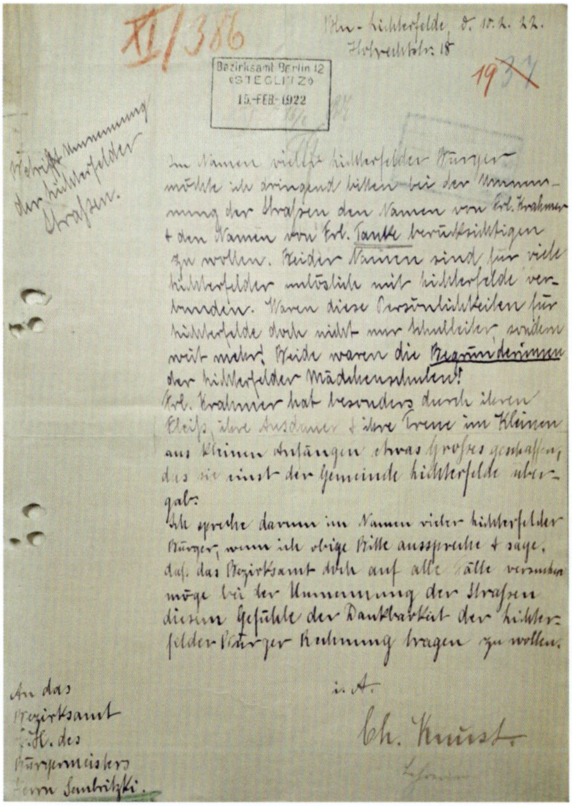
Lichterfelde, d. 10.2.22.
Hortensienstr. 18

Bezirksamt Berlin 12
(STEGLITZ)
15. FEB. 1922

Betrifft Umbenennung der Lichterfelder Straßen.

Im Namen vieler Lichterfelder Bürger möchte ich dringend bitten bei der Umbenennung der Straßen den Namen von Frl. Krahmer + den Namen von Frl. Tanke berücksichtigen zu wollen. Beider Namen sind für viele Lichterfelder unlöslich mit Lichterfelde verbunden. Waren diese Persönlichkeiten für Lichterfelde doch nicht nur Schulleiter, sondern [illegible] Beide waren die Begründerinnen der Lichterfelder Mädchenschulen!
Frl. Krahmer hat besonders durch ihren Fleiß, ihre Ausdauer + ihre Treue im Kleinen aus kleinen Anfängen etwas Großes geschaffen, das sie einst der Gemeinde Lichterfelde übergab.
Ich spreche darum im Namen vieler Lichterfelder Bürger, wenn ich obige Bitte ausspreche + sage, daß das Bezirksamt sich auf alle Fälle [illegible] möge bei der Umbenennung der Straßen diesem Gefühle der Dankbarkeit der Lichterfelder Bürger Rechnung tragen zu wollen.

i. A.
Ch. Kunst

An das Bezirksamt z. H. des Bürgermeisters Herrn Sembritzki.

Abb. 4 Bürgeranschreiben an das Bezirksamt Steglitz mit der Bitte, eine Straße nach Adelheid Krahmer zu benennen, 10. Februar 1922
Straßenbenennungsakten Steglitz, Bd. 0/1, Straßen- und Grünflächenamt Steglitz-Zehlendorf

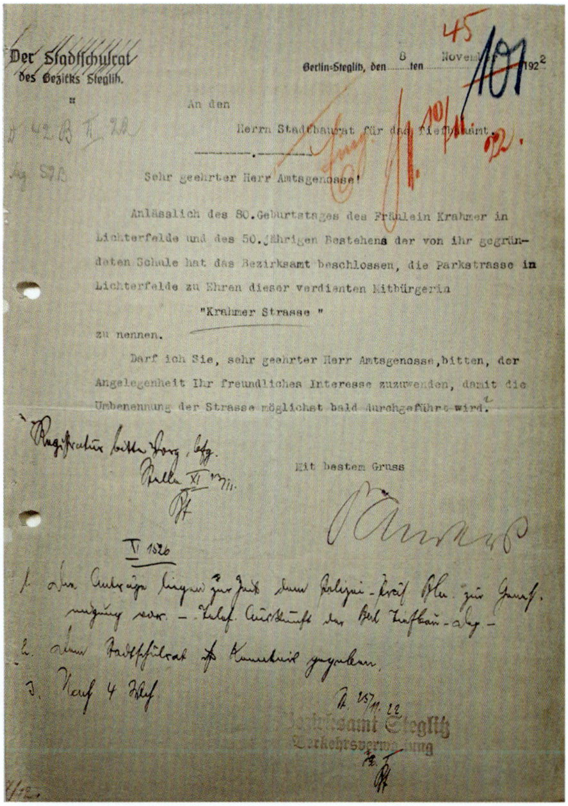
Der Stadtschulrat
des Bezirks Steglitz.

Berlin-Steglitz, den 8ten November 1922

An den
Herrn Stadtbaurat für das Tiefbauamt.

Sehr geehrter Herr Amtsgenosse!

Anlässlich des 80.Geburtstages des Fräulein Krahmer in Lichterfelde und des 50.jährigen Bestehens der von ihr gegründeten Schule hat das Bezirksamt beschlossen, die Parkstrasse in Lichterfelde zu Ehren dieser verdienten Mitbürgerin
"Krahmer Strasse"
zu nennen.

Darf ich Sie, sehr geehrter Herr Amtsgenosse, bitten, der Angelegenheit Ihr freundliches Interesse zuzuwenden, damit die Umbenennung der Strasse möglichst bald durchgeführt wird.

Mit bestem Gruss

Bezirksamt Steglitz
Verkehrsverwaltung

Abb. 5 Bezirksamtsinterne Beschlussmitteilung, dass die Parkstraße in Krahmerstraße umbenannt wird, 8. November 1922
Straßenbenennungsakten Steglitz, Bd. 0/1, Straßen- und Grünflächenamt Steglitz-Zehlendorf

Ingeborg Drewitz, die auch mit einem Ehrengrab auf dem Friedhof Zehlendorf und einer Gedenktafel an ihrer letzten Wohnadresse in Zehlendorf, Quermatenweg 178, gewürdigt wird.

Allgemein sind Frauen auch bei Gedenktafeln und Ehrengräbern im Bezirk unterrepräsentiert.[10] Bei den Gedenkstelen, die Steglitz-Zehlendorf als besondere Gedenkform etabliert hat, wurde bisher keine einzige zur Frauengeschichte realisiert. Erinnert werden könnte damit zum Beispiel an den Treff der bürgerlichen Frauenbewegung bei der ersten preußischen Professorin Lydia Rabinowitsch-Kempner (1871–1935) in Lichterfelde.[11] Und Agnes Bluhm (1862–1943), eine der ersten Berliner Ärztinnen, aber auch ideologische Wegbereiterin der NS-Euthanasiemorde ließe sich an ihrem Wohnort Unter den Eichen kritisch beleuchten.

Nur bei den „Stolpersteinen", die in Gehwegen eingelassen an in der NS-Zeit verfolgte Bewohner*innen erinnern, ergibt sich ein anderes Bild. 333 der insgesamt 497 in Steglitz-Zehlendorf verlegten Stolpersteine erinnern an Frauen.[12] Liegt dieses für die Erinnerungskultur außergewöhnliche Geschlechterverhältnis daran, dass Stolpersteine vor allem auf private Initiativen und seltener auf institutionelle Stellen zurückgehen? Oder daran, dass die „Stolpersteine" Opfern gedenken und nicht Leistungen würdigen?

Der Margherita-von-Brentano-Preis der Freien Universität Berlin in Dahlem ist ein Beispiel dafür,

Abb. 6 Die Ärztin und Mikrobiologin Lydia Rabinowitsch-Kempner bei der Arbeit am Mikroskop
Foto: ullstein bild

wie die Würdigung einer historischen Frauenpersönlichkeit mit der Anerkennung heutiger Frauenleistungen verbunden werden kann.

Zahl der nach Frauen benannten Straßen erhöhen

„Frauen sollen verstärkt Berücksichtigung finden" bei der Benennung von Straßen, heißt es in den Ausführungsvorschriften zum Berliner Straßengesetz von 2017. Entgegen dieser Empfehlung bedeuten elf Frauen gegenüber 26 Männern auf der Vorschlagsliste für Straßenbenennung des Bezirks Steglitz-Zehlendorf, dass Frauen weiter unterrepräsentiert sind.[13] Die Schriftstellerin Clara Viebig und die Frauenrechtlerin und Ethnologin Caecilie Seler-Sachs fehlen auf der Vorschlagsliste, obwohl die BVV deren Aufnahme bereits 2011 beschlossen hat. Auch von den 25 von der SPD-Fraktion 2018 vorgeschlagenen Frauen finden sich nur wenige Namen auf der Liste. Und im Unterschied zu den Männern wurden bei manchen Frauen weder ihre Verdienste erfasst noch ihr Bezug zum Bezirk, der bei Neubenennungen ein wichtiges Kriterium darstellt. Die Wahrscheinlichkeit, dass diese für eine Würdigung ausgewählt werden, dürfte damit nicht sehr groß sein.

Vielfältige Anregungen für Ehrungen von Frauen liefern die im Auftrag der Frauenbeauftragten 1990 verfassten Porträts von Marlene Kotzur in der Publikation „Steglitz – Frauen setzen Zeichen" ebenso wie eine von der Verfasserin 2012 zusammengestellte Steglitz-Zehlendorfer Frauengeschichte[14] und das Buch zu der von Heike Stange kuratierten Ausstellung des Kulturamts über in der NS-Zeit verfolgte Bezirksverordnete. Eine von ihnen ist die Sozialdemokratin Marie Kunert (1870–1957), die zu den ersten weiblichen Bezirksverordneten in Steglitz gehörte, Mitglied des Preußischen Landtags und des Reichstags war und vor den persönlichen Bedrohungen durch die Nationalsozialisten 1933 ins Schweizer Exil fliehen musste.[15]

Erste weibliche Bezirksverordnete und -politikerinnen porträtierten auch die Kuratorinnen Heike Stange und die Autorin 2018/19 in ihrer Ausstellung „Bezirkliche Spurensuche zu 100 Jahren Frauenwahlrecht". Drei Protagonistinnen mit Bezirksbezug, aber Bedeutung weit darüber hinaus empfiehlt die Verfasserin besonders für Ehrungen.

Marie Raschke (1850–1935) wohnte ab 1907 im „Rosenschlößchen" in der Murtner Straße 4 in Lichterfelde. Als erste Jurastudentin der Berliner Universität unterstützte sie mit ihrem Fachwissen die Frauenbewegung bei der Auseinandersetzung mit frauendiskriminierenden Gesetzen, gründete eine der ersten Rechtsberatungsstellen für Frauen und vertrat Frauen vor Gericht, lange bevor Frauen 1922 die Zulassungen zu den juristischen Berufen erkämpften.

Anna Pappritz (1861–1939) lebte von 1910 bis 1933 in Steglitz in der Mommenstraße 23 (heute Markelstraße). Als Schriftführerin des Bundes Deutscher Frauenvereine (BDF) gehörte sie zu den führenden Vertreterinnen der bürgerlichen Frauenbewegung. Besonders hervorgetan hat sie sich im Kampf gegen die „Herrenmoral" in der Prostitutionsfrage.

An Helene Stöcker (1869–1943) erinnert zwar bereits eine Gedenktafel an ihrem Wohnort in der Münchowstraße 1 in Nikolassee. Aber angesichts der großen Bedeutung der Sexualreformerin, Frauenrechtlerin und Pazifistin wäre eine weitere Würdigung angemessen.

Um sich dem Ziel einer gerechteren Frauenquote bei Straßennamen zumindest anzunähern, sollten neben Neubenennungen auch Umbenennungen und Umwidmungen in Betracht gezogen werden. Schon 1946, als es um die Beseitigung von Straßennamen mit NS-Bezug ging, war für die Schmidt-Ott-Straße als Namensgeberin Käthe Mancke, die Mitbegründerin und langjährige Leiterin des Steglitzer Mädchenwandervogels, die in dieser Straße wohnte, vorgesehen. Die 1914 nach einem kaiserlichen General benannte Gélieustraße könnte Salomé de Gélieu (1742–1820) gewidmet werden, die mit ihren Schwestern ein Mädchenpensionat gründete und zur Lehrerin der späteren preußischen Königin Luise avancierte, die sie im Sinne Jean-Jacques Rousseaus „natürlich" erzog.[16]

Abb. 7 Der Hindenburgdamm wird temporär zum Edith-Jacobson-Damm, 4. Juli 2024
Foto: Dennis Egginger-Gonzalez

Auch für den seit Jahrzehnten umstrittenen Hindenburgdamm gäbe es eine überzeugende Frauenalternative. Die erste Präsidentin des Bundesverfassungsgerichts, erste Justizsenatorin Berlins und erste Juraprofessorin der Freien Universität Berlin Jutta Limbach (1934–2016) war Steglitzerin. Wie bereits ihre Urgroßmutter Pauline Staegemann und ihre Großmutter Elfriede Ryneck, eine der ersten weiblichen Reichstagsabgeordneten, hat Jutta Limbach sich ein Leben lang für die Gleichberechtigung von Frauen und für die Demokratie eingesetzt.[17]

Anmerkungen

1 Unveröffentlichte Liste der Frauenbeauftragten für Steglitz, ca. 1993.

2 Decolonize Berlin e.V. (AK Stadtraum), „Auswertung aller Berliner Straßen und Plätze in Hinblick auf eine *weiße* patriarchalische Erinnerungskultur", Berlin o. J. [2022], https://decolonize-berlin.de/wp-content/uploads/2023/04/Publikation_AKStadtraum_Strassennamen_digital.pdf (abgerufen 1.11.2023).

3 Klaus Katzur, Berlins Straßennamen. Ihre Herkunft und Bedeutung, 2. Auflage, Berlin 1987.

4 Peter John, Herbert Mayer, Sylvia Schubert, Wegweiser zu Berlins Straßennamen. Zehlendorf, Berlin 1996, S. 247.

5 Vgl. hierzu den Beitrag von Thomas Irmer zur SS-Kameradschaftssiedlung in Zehlendorf.

6 Ausführungsvorschriften zum Berliner Straßengesetz von 2017.

7 https://www.berlin.de/ba-steglitz-zehlendorf/politik-und-verwaltung/aemter/schul-und-sportamt/schulen/artikel.86293.php (abgerufen 1.11.2023).

8 https://www.berlin.de/ba-steglitz-zehlendorf/politik-und-verwaltung/aemter/schul-und-sportamt/schulen/artikel.87803.php (abgerufen 4.11.2023).

9 https://droste-berlin.de/schulgeschichte/ (abgerufen 4.11.2023).

10 https://www.berlin.de/sen/uvk/natur-und-gruen/stadtgruen/friedhoefe-und-begraebnisstaetten/ehrengrabstaetten/abfrage/?nachname=--+Alles+--&friedhof=--+Alles+--&bezirk=Steglitz-Zehlendorf#searchresults und https://www.gedenktafeln-in-berlin.de/ (abgerufen 5.11.2023).

11 Robert M.W. Kempner, Ankläger einer Epoche. Lebenserinnerungen, Frankfurt a.M., Berlin 1986, S. 19f.

12 Liste von Dirk Jordan, ausgezählt von Trille Schünke-Bettinger.

13 Vorschlagsliste für zukünftige Straßenbenennungen im Bezirk Steglitz-Zehlendorf, Stand 3.6.2020; in der aktualisierten Liste vom 19.7.2024 gibt es keine neuen Frauenvorschläge, https://www.berlin.de/ba-steglitz-zehlendorf/politik-und-verwaltung/aemter/strassen-und-gruenflaechenamt/tiefbau/artikel.313691.php (abgerufen 27.7.2024).

14 Claudia von Gélieu, Höhere Töchter und bürgerliches Frauenengagement in Steglitz-Zehlendorf, unveröffentlichtes Manuskript, 2012.

15 Heike Stange, Kulturamt Steglitz-Zehlendorf (Hg.), Abgesägt. Im Nationalsozialismus verfolgte Kommunalpolitikerinnen und -politiker in Steglitz und Zehlendorf 1933–1945, Berlin 2016.

16 Claudia von Gélieu, Die Erzieherin von Königin Luise. Salomé de Gélieu, Regensburg 2007.

17 Seit Januar 2024 setzt sich eine Initiative dafür ein, den Hindenburgdamm nach der an der Charité tätigen Ärztin und Psychoanalytikerin Edith Jacobson (1897–1978) zu benennen, die als Jüdin und wegen ihres Widerstandes in der NS-Zeit verfolgt wurde.

Schlachte
Ernst-
Park
S.-Bf. Schlachtensee
Salzach-
Gobineau-
Postamt 6
Kirchblick
Ev. Kirche
Ahrenshooper
Lagarde-
Schlick-
Klopstock-
Donnhäuser
Flachsweg
Parler-Str.
Elvira-
Goethe-
Bogota-
Kleist-
Schlachtensee-
S.-Bf. Zehler
Kossinna-
Veronika-
steig
Glagauzeile
Eitel-Fritz-
Hoensbroech-
Schemann-
platz
Dubrow-
Eiderstedter
Breisgauer
Kaiserstuhl
Dühring-
Joach imstr.
Niklas-
Chamberlain-
Am
Heidehof
Dkm.
Allee
Guntersblumer
Weg
Tews-
Kur-
Krankenhaus
Hubertus
Andrée-
Oertzen-
Kramsta-
Lin-
dentaler
350
354

Von Fritsch bis Wahrmund

Ein antisemitisches Straßenviertel in Zehlendorf

Thomas Irmer

Zwischen 1934 und 1939 wurden im damaligen Bezirk Zehlendorf von Berlin die Straßen eines ganzen Viertels nach Personen umbenannt, die als Protagonisten des politischen Antisemitismus galten oder sich anderweitig antisemitisch geäußert hatten, darunter der sogenannte „hessische Bauernkönig" Otto Boeckel, der Schriftsteller Houston Stewart Chamberlain, der Nationalökonom Eugen Dühring, der Publizist Theodor Fritsch, der Theologe Paul de Lagarde oder der protestantische Berliner Hof- und Domprediger Adolf Stoecker. Die für die Straßenbenennungen verantwortlichen Zehlendorfer Nationalsozialisten rückten so Vertreter des politischen Antisemitismus des Kaiserreichs in den Mittelpunkt. Ihnen wurde in Zehlendorf nicht nur buchstäblich ein Denkmal gesetzt: Höhepunkt der Straßenumbenennungen war die Errichtung eines Denkmals für Theodor Fritsch an der heutigen Lindenthaler Allee.[1]

Politisierte Benennungen von Straßenvierteln

In seiner Dichte war das antisemitische Straßenviertel einzigartig in Berlin. In anderen Bezirken standen in den ersten Jahren der NS-Zeit andere Themen im Vordergrund, bei denen es oft um die Ehrung von SA-Angehörigen ging.[2] Mit Friedrichshain wurde ein ganzer Bezirk in Horst-Wessel-Stadt umbenannt. In Mitte wurde auf dem damaligen Bülowplatz ein Denkmal für die Berliner SA errichtet. Der Gestalter dieses Denkmals, der Bildhauer Arthur Wellmann (1885–1960), hatte zuvor schon das Theodor-Fritsch-Denkmal in Zehlendorf entworfen.[3]

Dass ein ganzes Stadtviertel nach einer bestimmten Gruppe von Personen oder nach Sachen benannt wurde, war spätestens seit dem 19. Jahrhundert keine Besonderheit mehr. Bis dahin hatten Straßennamen und die Benennung von Stadtvierteln häufig eine Orientierungsfunktion, etwa bezugnehmend auf das jeweils dort ansässige Gewerbe oder als Richtungsangabe.[4] Mit dem starken Wachstum der Städte im 19. Jahrhundert änderte sich die Funktion von Straßennamen, für deren Benennung nicht mehr lokale oder regionale Bezüge, sondern „nur noch die für ihre öffentliche Funktion nötigen Unterscheidungsmerkmale"[5] ausschlaggebend waren.

In der nach der Reichsgründung 1871 stark wachsenden Stadt Berlin wurden ganze Stadtviertel nach Blumen, Künstlern oder Ländern benannt. Sie erhielten eine Art „spezifische, kollektive Straßennamen-Identität".[6] In der Benennung zentraler Achsen (wie dem Kurfürsten- und dem Hohenzollerndamm, der Kaiserallee und, bereits im 17. Jahrhundert, der Friedrich- und Wilhelmstraße) spiegelten sich Strukturen politischer Macht wider. Um 1900 glichen die Berliner Straßennamen, so die Literaturwissenschaftlerin Esther Kilchmann, einer „tabula germaniae", das heißt einer „Darstellung einer homogenen deutschen Nation".[7] Es ging um nationale Integration, der sich auch „Hinweise auf plurale Herkünfte und transnationale Einflüsse" unterzuordnen hatten.[8] Bestandteil dieser Benennungen waren Stadtviertel, deren Straßen nach zusammenhängenden deutschen Landschaften, Regionen und Kulturschaffenden benannt wurden. Im Berliner Südwesten wurden um die Kasernenstandorte in Lichterfelde und Lankwitz vermehrt Namen von Militärs vergeben.[9] Die Benennungen der „tabula germaniae" knüpften an frühere Namensgebungen von Straßen und Plätzen nach siegreichen Schlachten und Generälen Preußens an.

Einbezogen wurden auch Straßenviertel und -züge mit Namen von deutschen Kolonien in Afrika oder in Asien wie im Wedding oder in Dahlem. Das wohl größte Berliner Kolonialnamen-Viertel war im bürgerlichen Karlshorst geplant: Seit 1905 wurden im Berliner Südosten rund um den Bahnhof Karlshorst Straßen der dort entstehenden neuen Wohnviertel nach burischen Einwanderinnen und Einwanderern in Südafrika benannt. Damit sollte der Kampf deutschfreundlicher Buren gegen die englische Kolonialmacht geehrt werden. Unerheblich war dabei, dass die Buren im südlichen Südafrika selbst kolonialisierten. Außerdem sollten in Karlshorst 17 weitere neue Straßen nach Landschaften und Orten in der damaligen Kolonie Deutsch-Südwestafrika benannt werden. Der Großteil der geplanten Benennungen wurde jedoch nicht umgesetzt.[10]

In der NS-Zeit nahm die politisch motivierte Benennung von Straßen und Straßenvierteln im Sinne der Nationalsozialisten zu. Im Berliner Südwesten wurde das Generalsviertel in Lankwitz seit etwa 1935 unter anderem mit Namen der Schill'schen Offiziere erweitert, die 1809 in Wesel von einem französischen Kriegsgericht zum Tode verurteilt und hingerichtet worden waren. Mit seinen Gefolgsleuten hatte der preußische Offizier Ferdinand von Schill im Alleingang versucht, einen Aufstand gegen Napoleon anzuzetteln. Mit den Benennungen zielten die Nationalsozialisten, wie der Historiker Gert Schubert gezeigt hat, auf eine Vereinnahmung bürgerlicher Preußenverehrung.[11]

Flächendeckend erfolgte die Benennung von Straßen nach nationalsozialistischer Ideologie in der im heutigen Hessischen Viertel gelegenen ehemaligen SS-Kameradschaftssiedlung.[12] Auffällig war in Zehlendorf auch die systematische Benennung von Straßen nach Orten und Städten in Elsass-Lothringen. Diese bildeten zwar kein eigenes Stadtviertel. Aber ihre Benennung erfolgte sukzessive seit der zweiten Hälfte der 1930er Jahre und nach Beginn des Westfeldzuges 1941 wie im Fall der Bolchener und der Brettnacher Straße, des Türkstein- und des Windsteiner Wegs.

Das antisemitische Straßenviertel in Zehlendorf

Den Auftakt der antisemitischen Umbenennungen in Zehlendorf bildete die 1934 nach dem Publizisten Theodor Fritsch umbenannte Lindenallee (heute: Lindenthaler Allee), gefolgt von der Ende 1935 nach Houston Stewart Chamberlain umbenannten Niklasstraße. Danach folgten zwei Umbenennungswellen im Sommer 1937 und im Frühjahr 1939: Ende August 1937 benannte der Bezirk die Anackerstraße, den Boeckelweg, die Dühringzeile, die Hoensbroichstraße, die Lagardestraße, die Stoeckerzeile und die Wolzogenstraße. Im März 1939 folgten die Gobineaustraße, die Schemannzeile und der Schemannplatz, die Schönerer- und die Wahrmundzeile.

Einen Höhepunkt der Straßenbenennungen nach Antisemiten stellte 1935 die Errichtung des Theodor-Fritsch-Denkmals auf dem heutigen Hedwig-und-Georg-Flatow-Platz dar.[13] Wie bei den Straßennamen ging auch in diesem Fall die Initiative zur Errichtung des Denkmals von dem damaligen Zehlendorfer NSDAP-Bezirksbürgermeister Walter Helfenstein (1890–1945) aus, der selbst in der Niklasstraße beziehungsweise Chamberlainstraße wohnte. Helfenstein hatte sich schon als 16-Jähriger rechtsgerichteten und antisemitischen politischen Organisationen angeschlossen und immer weiter radikalisiert. 1925 baute er eine NSDAP-Ortsgruppe in Kreuzberg auf, wo er geboren worden war. 1927 wechselte Helfenstein nach Zehlendorf, wo er 1933 zunächst die Position eines Stadtrates und anschließend das Amt des Bürgermeisters übernahm. Helfenstein war maßgeblich für die „Säuberung" der Zehlendorfer Bezirksverwaltung von jüdischen und politisch missliebigen Mitarbeitenden verantwortlich. Mit den antisemitischen Straßenumbenennungen und dem Fritsch-Denkmal wollte er ein Zeichen setzen, das über die Bezirksgrenzen hinaus wirken sollte. So wurde die Einweihung des Theodor-Fritsch-Denkmals als ein kommunalpolitisches Ereignis von überregionaler Bedeutung inszeniert. Etwa 250 Ein-

Eine Chamberlainstraße in Zehlendorf

Am 9. Januar jährt sich zum neunten Male der Tag, an dem Houston Stewart Chamberlain in Bayreuth die Augen schloß. Unter den zahlreichen Zuschriften, die zu Beginn eines jeden Jahres im Hause von Frau Eva Chamberlain, der Witwe Chamberlains und Tochter Richard Wagners, einzulaufen pflegen, hat diesmal auch ein Schreiben aus der Reichshauptstadt besonders freudige Aufnahme gefunden. Darin machte ihr

Aufnahme Scherl

Bürgermeister Helfenstein von Zehlendorf die Mitteilung, daß er im Einvernehmen mit Staatskommissar Dr. Lippert und dem Berliner Polizeipräsidenten eine der schönsten Straßen von Zehlendorf zum Andenken an ihren Gatten Chamberlainstraße benannt habe. „Mit dieser Anordnung", so heißt es in dem Brief, „sollte unsere Verehrung für den großen völkischen Lehrmeister zum Ausdruck gebracht werden, dem unser Volk so unendlich viel an weltanschaulicher Erziehung zu verdanken hat."

Abb. 1 Artikel im Berliner Lokalanzeiger vom 9. Januar 1936
Landesarchiv Berlin, Nachlass Walter Helfenstein, E Rep. 200-48, Nr. 21, S. 123

ladungen wurden verschickt, darunter an über 80 NSDAP-Funktionäre, 22 Vertreter von Reichs- und Staatsbehörden, 26 Vertreter der Berliner Bezirksverwaltungen und 30 Angehörige der Zehlendorfer Bezirksverwaltung. Auch Vertreter von Zehlendorfer Schulen und Kirchen, Post- und Arbeitsämtern sowie Sport- und Schützenvereinen waren geladen.[14] Auf der Einladungsliste standen auch der Berliner Gauleiter und Reichspropagandaminister Joseph Goebbels, der auf Schwanenwerder wohnte, und die Filmregisseurin Leni Riefenstahl, die in Dahlem lebte. Mit der prominenten Ehrung wurde Theodor Fritsch als wirkmächtigster Propagandist eines politischen Antisemitismus im Kaiserreich hervorgehoben. Das von ihm verfasste antisemitische „Handbuch der Judenfrage", das zuerst unter dem Titel „Antisemitismus-Katechismus" erschien, erzielte hohe Auflagen.

Im Hinblick auf die Gestaltung war das auf einem hohen sechseckigen Sockel positionierte Bronze-Denkmal für Theodor Fritsch schlicht am Siegfried-Mythos aus dem Opernzyklus „Der Ring der Nibelungen" des Komponisten Richard Wagner (1813–1883) orientiert. In seiner Aussage war es jedoch offen brutal und in der Glorifizierung des Judenmords eindeutig festgelegt.[15] In dem Denkmal manifestierte sich eine Politik, der durch die Straßenbenennungen nach Antisemiten im direkten städtischen Umkreis ein geistiges Fundament, eine Tradition und eine Geschichte, Gegenwart und Zukunft gegeben werden sollte.

Der Bezug zu Richard Wagner spielte bei der Namenswahl für die antisemitischen Straßenbenennungen eine zentrale Rolle. So wurden eine Reihe von Straßen nach Mitgliedern des sogenannten Bayreuther Kreises, d.h. nach Personen aus dem engeren Umfeld Wagners, benannt: Dafür standen insbesondere die Straßenbenennung nach Houston Stewart Chamberlain, Hans von Wolzogen und Ludwig Schemann. Mit ihnen sollten Personen geehrt werden, die vor allem publizistisch etwa mit Beiträgen in der Zeitschrift „Bayreuther Blätter" das öffentliche Bild über Richard Wagner auch nach dessen Tod prägten. Antisemitismus nahm dabei eine wesentliche Rolle ein.

Richard Wagner gilt selbst als ein Vertreter des sogenannten Frühantisemitismus. In seiner 1850 sowie erneut 1869 veröffentlichten Schrift „Das Judenthum in der Musik" hatte Wagner eine „instinctmäßige Abneigung" und einen „natürlichen Widerwillen gegen das jüdische Wesen" geäußert. Juden seien in alle Bereiche von Religion, Politik und Kunst vorgedrungen. Auch den „öffentlichen Kunstgeschmack unserer Zeit" hätten sie „zwischen die geschäftigen Finger" gebracht. Durch das „zersetzende fremde Element" der Juden drohe ein „Zerfall unserer Cultur".[16] Zum Zeitpunkt der Erstveröffentlichung seiner Schrift habe Wagner, so die Musikwissenschaftlerin Melanie Kleinschmidt, Antisemitismus aber nicht aus einer „rechts-nationalistischen", sondern aus einer eher „sozialistisch-antikapitalistischen Geisteshaltung" heraus artikuliert.[17] In der Folgezeit sei Wagners Weltsicht aber, so der Historiker Saul Friedländer, „zunehmend von nationalistischen und völkisch-rassistischen Gedankengut" geprägt gewesen.[18] Sein Hass gegenüber Juden steigerte sich zu einem „Erlösungsantisemitismus", der auf eine „Erlösung der arisch-christlichen Gemeinschaft durch die Auslöschung der Juden" abzielte.[19]

Mit den Straßenbenennungen nach Chamberlain oder Wolzogen sollten Personen geehrt werden, die stärker als Wagner eine ideologische Nähe zum Nationalsozialismus aufwiesen.[20] Der Biologe und Privatgelehrte Houston Stewart Chamberlain (1855–1927) stammte aus einer britischen Admiralsfamilie. Er wurde zu einer Art Chefideologen des Bayreuther Kreises. In seiner in Deutschland erfolgreichsten Veröffentlichung „Die Grundlagen des 19. Jahrhunderts" schrieb Chamberlain unter anderem, die Entwicklung Europas lasse sich allein aus einem „Rassen"-Kampf zwischen „Ariern" und Juden heraus erklären, der auch politische oder ökonomische Konflikte überlagere. Chamberlain vertrat dabei „eine Art rassischen Determinismus", bei dem „niemand seinem „rassischen Charakter" entgehen" könne.[21] Eine Rassenvermischung müsse zurückgedrängt werden. Würde die Anpassung von Juden nicht begrenzt, drohe deren Vorherrschaft, während alle anderen nur noch ein „physisch, geistig und moralisch degeneriertes Volk" bildeten.

Der Musikschriftsteller Hans Paul Freiherr von Wolzogen (1848–1938) war Herausgeber und leitender Redakteur der „Bayreuther Blätter", die über Richard Wagner und dessen Musik berichteten. Wolzogen, in Potsdam geboren, lebte seit 1878 ebenfalls in Bayreuth. Wolzogen wurde auch als „Gralshüter von Bayreuth"[22] bezeichnet. Als Publizist bestimmte er das öffentliche Wagnerbild auch nach dem Tod des Komponisten maßgeblich mit.[23] Heute gilt er als „eine der tragenden Personen für die ideologische Positionierung der zunächst deutschnationalen … [und später] völkischen und antisemitischen Einstellung des Bayreuther Kreises und der Bayreuther Blätter".[24] Der Antisemitismus von Wolzogen war, wie bei Wagner, religiös grundiert: Er orientierte sich an Martin Luther und, darin ebenfalls Richard Wagner folgend, an dem Berliner Hof- und Domprediger Adolf Stoecker. Wolzogen sprach sich zwar gegen direkte Gewalt gegen Juden aus, forderte aber schon in einer Veröffentlichung aus dem Jahr 1912 das blutmäßige „Nichtmischen" mit Juden als eine „moralischere Tat und heiligere Pflicht". Aufgabe müsste es sein, das Christentum von „jüdischen Vorstellungsweisen" zu „emanzipieren".[25] Später sah er Hitler als „Verkörperung des völkischen Geistes"[26] an.

Im weiteren Verlauf wurden in Zehlendorf noch weitere Namensgebungen ergänzt, die ebenfalls Bezüge zum Bayreuther Kreis aufwiesen: So wurden im März 1939 der Schemannplatz (heute: Dubrowplatz) und die Schemannzeile (heute: Dubrowstraße) nach dem Philologen Ludwig Schemann (1852–1938) benannt. Er war von 1875 bis 1891 Bibliothekar der Göttinger Universitätsbibliothek. Auch Schemann gehörte dem Bayreuther Kreis an. Angeregt von Richard Wagner übersetzte Schemann Schriften des französischen Diplomaten und Rassetheoretikers Arthur de Gobineau wie dessen Hauptwerk „Essay über die Ungleichheit der Menschenrassen". So trug Schemann zur Verbreitung der Auffassungen Gobineaus in Deutschland bei. Gobineau konstruierte eine Rassenhierarchie, an deren Spitze eine von Gott gegebene weiße

Urrasse stehe, gefolgt von einer „gelben" und einer „schwarzen Rasse". Rassenmischung würde zum Untergang führen. Am reinsten habe sich die Urrasse in Skandinavien und im französischen Adel erhalten. Wie Gobineau propagierte Schemann die Überlegenheit von „Ariern". Diese seien aber nicht, wie bei Gobineau, vom Untergang bedroht, sondern zur Rettung der Menschheit bestimmt. Schemann engagierte sich auch in völkischen Verbänden, wo er unter anderem mit Theodor Fritsch zusammenarbeitete. 1933 erhielt Schemann die Ehrenbürgerschaft der Stadt Freiburg, 1937 wurde er von Hitler mit einer Goethe-Medaille für Kunst und Wissenschaft ausgezeichnet. Auch nach Gobineau wurde später auch noch eine Straße in Zehlendorf benannt. Antisemitismus nahm in den Werken Gobineaus jedoch keine zentrale Rolle ein. Dies fügte erst Houston Stewart Chamberlain hinzu, der von Gobineau stark beeinflusst war.

Ein anderes Muster bei den antisemitischen Straßenumbenennungen in Zehlendorf waren Namen von Personen wie Boeckel, Dühring, Stoecker oder Wahrmund, die sich im Kaiserreich als antisemitische politische Publizisten oder Aktivisten hervorgetan hatten. Der hessische Universitätsbibliothekar und Reichstagsabgeordnete Otto Boeckel (1859–1923) beispielsweise hetzte gegen einen angeblichen „jüdischen Wucher", den er für den Niedergang des Bauerntums verantwortlich machte. Weil er als antisemitischer Hassredner über das Land zog, wurde Boeckel von seinen Anhängern auch „hessischer Bauernkönig" genannt. In Berlin trat Boeckel in der Bockbrauerei in Kreuzberg auf, welche die von Boeckel initiierte antisemitische Bewegung finanziell unterstützte.

Der Berliner Nationalökonom und Philosoph Eugen Dühring (1833–1921) veröffentlichte 1881 die Schrift „Die Judenfrage als Racen-, Sitten- und Culturfrage".[27] Als Wissenschaftler hatte Dühring seinen Zenit bereits überschritten. Seine Hauptwerke hatte er in den 1870er Jahren veröffentlicht. 1877 war ihm von der Berliner Universität die Lehrbefugnis entzogen worden, nachdem er Kollegen beschimpft hatte. Zeitweise war Dühring in Teilen der Sozialdemokratie populär, weil er sich für den Sozialismus aussprach. Friedrich Engels kritisierte Dührings Auffassungen 1877 scharf in einer Artikelserie in der sozialdemokratischen Zeitung „Vorwärts", die später auch als Buch erschien. Am Rande erwähnte Engels auch einen „bis ins Lächerliche übertriebenen Judenhass Dührings", den er als einen Ausdruck von dessen „persönlichen Marotten" jedoch eher verharmloste. Dühring nenne das „aus der Bigotterie des Mittelalters überkommene Volksvorurteil gegen die Juden ein auf „Naturgründen" beruhendes „Naturureil". Dühring behaupte auch, so Engels weiter, dass „der Sozialismus [...] die einzige Macht" sei, „welche Bevölkerungszuständen mit stärkerer jüdischer Untermischung ... die Spitze bieten kann."[28] Die Dühring'sche Schrift über die „Judenfrage" ist tatsächlich eine geballte Zusammenfassung von dessen Antisemitismus in Form einer aggressiven Kampfschrift. Juden werden darin zu einer „Rasse" erklärt, die Medien, Kunst, Religion, Wissenschaft, Politik und Wirtschaft „unterwandert" habe. Berlin sei der augenblickliche Brennpunkt der Judenfrage in der Welt, wo Juden „zu einer nie gekannten Herrschaft" (S. 6) gelangt seien. Dagegen helfe nur eine Politik der „Entjudung" durch „äußerliche Einschränkung, Einpferchung und Abschließung" (S. 114). Juden dürften nicht als Richter über Deutsche urteilen (S. 125). Wohlhabenden Juden müsse ein staatlicher Kurator vorgesetzt werden, der deren Vermögen überwachen und mitverwalten solle. (S. 132). Juden müsse es außerdem verboten werden, Zeitungen zu besitzen oder leitende Positionen in Redaktionen zu übernehmen (S. 136).

Einen wichtigen Bezugspunkt für viele Vertreter des politischen und kulturellen Antisemitismus stellte der Berliner Dom- und Hofprediger Adolf Stoecker (1835–1909) dar. Mit der Berliner Stadtmission prägte Stoecker auch die Fürsorge in der Großstadt mit. Stoecker versuchte, eine politische Bewegung und eine eigene Partei, die Christlich-Soziale Arbeiterpartei, aufzubauen, mit der er insbesondere die Sozialdemokratie bekämpfen wollte. Stoecker sprach vor allem Handwerker, Einzelhändler und untere Beamte, Studierende und Militärangehörige an. Erst in den 1880er Jahren entwickelte er sich zum „massenwirksamsten antisemitischen Agitator in Berlin"[29]: In öffentlichen Reden agitierte Stoecker gegen Juden, die das liberalkapitalistische Wirtschaftssystem, die Sozialdemokratie, die Medien und die Aufklärung dominierten. Er forderte den Ausschluss von Juden aus öffentlichen Ämtern und Schulen oder eine Begrenzung der Einwanderung von Juden.

Der deutsch-österreichische evangelische Orientalist Adolf Wahrmund (1827–1913) war als Hofbibliothekar, Dozent und Leiter der Orientalischen Akademie und Direktor der Lehranstalt für orientalische Sprachen in Wien tätig. In seinem 1887 veröffentlichten Band „Das Gesetz des Nomadentums und die heutige Judenherrschaft" behauptete Wahrmund, dass Juden weder einen Staat bilden noch besondere Leistungen in Kultur und Technik hervorbringen könnten. Sie seien, wie die Araber, „räuberisch" und „arbeitsscheu". Juden müssten aus der christlichen Gesellschaft ausgegrenzt und vertrieben werden. Wahrmund verfasste auch Beiträge für die Zeitung „Der Hammer" von Theodor Fritsch, den er offenbar stark beeinflusste. In den „Bayreuther Blättern" von Hans von Wolzogen fabulierte Wahrmund über die „jüdische Weltverschwörung",[30] eine verbreitete antisemitische Verschwörungserzählung.

Andere Straßenbenennungen in Zehlendorf während der NS-Zeit

Jenseits des Antisemiten-Viertels gab es in Zehlendorf noch weitere politisch motivierte Benennungen in der NS-Zeit. Neben den bereits erwähnten Straßen der SS-Kameradschaftssiedlung zählten dazu auch Straßen, die nach NS-Aktivisten benannt wurden, etwa nach Peter Donnhäuser (1900–1933), einem HJ-Führer in Tschechien, nach Hans Knirsch (1877–1933), einem sudetendeutschen NS-Politiker, nach dem völkischen Publizisten und Archäologen Gustaf Kossinna (1858–1931), Ottokar Stauf von der March (1868–1941) oder Hermann Stehr (1864–1940). Die Benennung des Sven-Hedin-Platzes, der bis heute diesen Namen trägt, fand am 29. Januar 1937 statt und markiert den Beginn einer Benennungswelle in demselben Jahr, bei der in Zehlendorf so viele antisemitische Straßenbenennungen wie nie zuvor erfolgten. Während des Olympiajahres 1936 hatte es einen zeitweisen Umbenennungsstopp gegeben, weil vor der internationalen Öffentlichkeit kein Aufsehen erregt werden sollte.[31] Zu der Welle der Umbenennungen im Jahr 1937 gehörten auch die Benennungen nach Anacker, Böckel, Dühring, Stoecker und Wolzogen. Am bekanntesten unter diesen Namenspatronen war aber wohl der schwedische Asienforscher und Publizist Sven Hedin (1865–1952). Seit 1927 gab es bereits eine Sven-Hedin-Straße in Zehlendorf. Der Schwede war durch seine Publikationen über seine Asienexpeditionen besonders populär in Deutschland, wo er auch studiert hatte. Sein Heimatland Schweden und andere Länder distanzierten sich hingegen von Hedin wegen dessen politischen Einstellungen. Hedin hatte seit frühester Jugend ein „romantisierendes Deutschlandbild" und sah in Deutschland eine Weltmacht. Während des Ersten Weltkriegs glorifizierte Hedin die deutsche Armee und verurteilte den Friedensvertrag von Versailles.[32] Es verwundert daher nicht, dass er mit Hitler und den Nationalsozialisten sympathisierte, die ihn, wie die Historikerin Astrid Mehmel gezeigt hat, propagandistisch für die Außendarstellung Hitler-Deutschlands einspannten.[33] Hohe Verkaufszahlen in Deutschland erzielte ein 1942 erschienener Band, in dem Hedin die USA für den Zweiten Weltkrieg verantwortlich machte.[34] Hedin äußerte sich auch antisemitisch, wobei er offenbar nicht den rassischen Antisemitismus Hitlers teilte.[35] Hedins Antisemitismus war kulturell begründet und fußte auf etablierten Ressentiments sowie der Erzählung von einer „jüdischen Weltverschwörung", die hinter Kapitalismus und Bolschewismus stehe. Hedin verharmloste auch die Judenverfolgung in Deutschland. Er sprach sich für eine Schonung von Juden aus, die sich um Deutschland verdient gemacht hätten und setzte sich für Einzelne, ihm bekannte Juden ein.[36] Die These, Hedin habe sich zwischenzeitlich von den Nationalsozialisten distanziert, ist wohl nicht haltbar: Noch Anfang 1945 versicherte er Hitler seine Unterstützung.[37]

Abb. 2 Umbenennung der Grunewaldallee in Argentinische Allee am 24. Februar 1934 im Beisein des „Staatskommissar für die Reichshauptstadt" Dr. Julius Lippert
Bundesarchiv Bild 102-00768, Fotograf: Georg Pahl

Resümee

Mit den antisemitischen Straßenumbenennungen im großbürgerlichen Zehlendorf ging es den Nationalsozialisten darum, mit dieser Politisierung des öffentlichen Raums Judenhass nicht nur in die „Mitte der Gesellschaft" zu rücken, sondern ihn, etwa durch den Bezug zum Bayreuther Kreis, zum integralen Bestandteil der bürgerlichen Hochkultur zu erklären. Außerdem sollte so ein radikaler politischer Antisemitismus „normalisiert", akzeptabel und ehrbar gemacht werden.

Die in Zehlendorf mit Straßen geehrten politischen Antisemiten wie Otto Boeckel, Eugen Dühring, Paul de Lagarde, Adolf Stoecker oder Theodor Fritsch verdeutlichen, an welches bereits vorhandene Gedankengut die Nationalsozialisten anknüpfen konnten. „Vordenker" gab es in allen Gesellschaftsschichten. Sie konstruierten ein dämonisierendes Bild und eine besondere Rolle von Juden in der Welt, zugespitzt in der Konstruktion einer „jüdischen Weltverschwörung". Zusammengenommen forderten sie, Juden aus der deutschen und europäischen Gesellschaft auszuschließen, zu verfolgen oder zu vernichten.

Das antisemitische Gedankengut dieser Vordenker stieß dabei nicht auf entschiedenen Widerspruch, weil Antisemitismus als eine „Marotte aus dem Mittelalter" verharmlost wurde, weil über deren Protagonisten als vermeintliche Randfiguren hinweggesehen wurde – oder weil Antisemitismus auf Zustimmung stieß.

Die meisten der in der NS-Zeit nach Antisemiten umbenannten Straßen in Zehlendorf erhielten bis spätestens 1947 ihre früheren Namen zurück. Es fällt auf, dass das bei der Wolzogenstraße nicht der Fall war. Aus heutiger Sicht erscheint dies als Ausdruck einer unzulänglichen Auseinandersetzung mit den von Wolzogen vertretenen antisemitischen Positionen.

Anmerkungen

1 Thomas Irmer, Das „erste antisemitische Denkmal Deutschlands" – zur Errichtung eines Denkmals für Theodor Fritsch im kommunalen öffentlichen Raum in Berlin 1935–1943. In: Gideon Botsch, Christoph Kopke, Lars Rensmann, Julius H. Schoeps (Hg.), Politik des Hasses. Antisemitismus und radikale Rechte in Europa, Hildesheim/Zürich/New York 2010, S. 153–170.

2 Vgl. beispielsweise Kurt Kruse, „Helden der Bewegung" als Steglitzer Straßennamen. In: Kulturamt Steglitz (Hg.), „Straßenname dauert noch länger als Denkmal". Die Benennung von Straßen in Berlin-Steglitz 1933–1948, Berlin 1999, S. 22–26; Daniel Siemens, Dem SA-Mann auf der Spur. Nationalsozialistische Erinnerungspolitik im Berlin der 1930er-Jahre. In: Stefan Hördler (Hg.), SA-Terror als Herrschaftssicherung. „Köpenicker Blutwoche" und öffentliche Gewalt im Nationalsozialismus, Berlin 2013, S. 147–163.

3 Irmer 2010, S. 153–170.

4 Klaus Katzur, Berlins Straßennamen. Ihre Herkunft und Bedeutung, Berlin 1982, S. 5.

5 Ebd.

6 Dirk Verheyen, What's in a Name? Street Name Politics and Urban Identity in Berlin. In: German Politics & Society, Fall 1997, Bd. 15, Nr. 3 (44) S. 44–72, 46.

7 Esther Kilchmann, Berliner Straßen. Der Stadtraum als nationale Topographie. In: Zaal Andronikashvili, Tatjana Petzer, Andreas Pflitsch, Martin Treml (Hg.), Die Ordnung pluraler Kulturen. Figurationen europäischer Kulturgeschichte, von Osten her gesehen, Berlin 2014, S. 340–353.

8 Ebd.

9 Gert Schubert, Militär-Straßennamen im Bezirk Steglitz. In: Kulturamt Steglitz (Hg.), „Straßenname dauert noch länger als Denkmal". Die Benennung von Straßen in Berlin-Steglitz 1933–1948, Berlin 1999, S. 27–35, 27.

10 Clemens Maier-Wolthausen, Das sogenannte Burenviertel. In: Kolonialismus begegnen. Dezentrale Perspektiven auf die Berliner Stadtgeschichte, http://kolonialismus-begegnen.de/geschichten/das-sogenannte-burenviertel/ (abgerufen 12.5.2023).

11 Schubert 1999, S. 34.

12 Vgl. den Beitrag zur SS-Kameradschaftssiedlung in diesem Band.

13 Irmer 2010, S. 153–170.

14 Ebd., S. 163.

15 Thomas Irmer, Politik des Hasses: Zehlendorf im Nationalsozialismus: Das „erste antisemitische Denkmal Deutschlands". In: Zehlendorf-Blog, Der Tagesspiegel v. 11.11.2023, https://www.tagesspiegel.de/berlin/bezirke/das-erste-antisemitische-denkmal-deutschlands-3528310.html (abgerufen 20.9.2024).

16 Richard Wagner, Das Judenthum in der Musik, Leipzig 1869.

17 Melanie Kleinschmidt, „Der hebräische Kunstgeschmack". Lüge und Wahrhaftigkeit in der deutsch-jüdischen Musikkultur, Köln/Weimar/Wien 2015, S. 183.

18 Saul Friedländer, Bayreuth und der Erlösungsantisemitismus. In: Dieter Borchmeyer, Ami Maayani und Susanne Vill (Hrsg.), Richard Wagner und die Juden, Stuttgart 2000, S. 8–18, 11.

19 Ebd., S. 12.

20 Hannes Heer, Die Bayreuther Festspiele und die „Juden" 1876 bis 1945. In: Verstummte Stimmen. Die Bayreuther Festspiele und die „Juden" 1876 bis 1945. Eine Ausstellung von Hannes Heer, Jürgen Kesting und Peter Schmidt, Berlin 2012, S. 87–91, 91.

21 David Clay Large, Ein Spiegelbild des Meisters? Die Rassenlehre von Houston Steward Chamberlain. In: Dieter Borchmeyer, Ami Maayani und Susanne Vill (Hg.), Richard Wagner und die Juden, Stuttgart 2000, S. 144–158, 154.

22 Wolfgang W. Müller, Der Bayreuther Kreis und sein Umfeld. Religion – Macht – Musik, Basel 2022, S. 141.

23 Elke Kimmel, Hans von Wolzogen. In: Wolfgang Benz (Hg.): Handbuch des Antisemitismus. Judenfeindschaft in Geschichte und Gegenwart. Bd. 2/2: Personen, Berlin/Boston 2009, S. 891–892, 892.

24 Müller 2022, S. 141.

25 Hans von Wolzogen, Kunst und Kirche. Offener Brief an Houston Stewart Chamberlain, Leipzig 1912.

26 Kimmel 2009, S. 892.

27 Eugen Dühring, Die Judenfrage als Racen-, Sitten- und Culturfrage. Mit einer weltgeschichtlichen Antwort, Karlsruhe/Leipzig 1881.

28 Friedrich Engels, Herrn Eugen Dührings Umwälzung der Wissenschaft, Stuttgart 1894 (3. Auflage), S. 95.

29 Traugott Jähnichen, Adolf Stoecker (1835–1909). Das zwiespältige Erbe des „politischen Theologen des Kaiserreichs". In: Michael Häusler, Jürgen Kampmann (Hg.), Potestantismus in Preußen, Bd. 3, Frankfurt am Main 2013, S. 195–218, 215.

30 Vgl. Biografischer Eintrag Adolf Wahrmund. In: Österreichisches Biographisches Lexikon, https://www.biographien.ac.at/oebl?frames=yes (abgerufen 2.9.2024).

31 Irmer 2010, S. 165.

32 Astrid Mehmel, Sven Hedin und nationalsozialistische Expansionspolitik. In: Irene Diekmann, Peter Krüger, Julius H. Schoeps (Hg.), Geopolitik. Grenzgänge im Zeitgeist. Bd. 1.1 1890 bis 1945, Potsdam 2000, S. 189–238, 194.

33 Ebd., S. 214f.

34 Ebd., S. 235.

35 Ebd., S. 197.

36 Ebd., S. 233.

37 Ebd., S. 198.

~~221~~
108

Der Oberbürgermeister

GZ.: Tief I 4

Anr.: Stadtverw. Nr. 2277.

Berlin, den 30. September 35

Bezirksbürgermeister Steglitz
Eing: - 2 OKT. 35 * 2 4 3 2 4 6

- 5. OKT. 1935

3 Okt. 1935

Betr. Straßenbenennungen.

Ich beabsichtige, in Kürze alle Straßen und Plätze Berlins umzubenennen, deren Bezeichnungen auf Juden zurückzuführen sind oder bei denen der Verdacht zu dieser Annahme besteht.

Zu diesem Zweck bitte ich, mir bestimmt innerhalb 8 Tagen eine Aufstellung solcher Straßen- und Platzbezeichnungen Ihres Bezirks zu übersenden. Die Aufstellung bitte ich, nach folgenden Spalten zu machen:

1. Straßenbezeichnung :
2. Benannt nach :
3. Unzweifelhaft jüdischer Name :
4. Verdacht eines jüdischen Namens :
5. Bemerkungen :

Frist ist fernmündl. um 5 Tage verlängert worden.
Nickel, [illegible]
11.11.35.
Andere Bezirksverwaltungen, z.B. Zehlendorf, haben auch Fristverlängerung nachgesucht.

I.V.
Dr. Kölzow.

An die
Herren Bezirksbürgermeister
sämtlicher Verwaltungsbezirke.

NS-Rassenpolitik, Antisemitismus und Straßenbenennung in Steglitz*

Dieter Fitterling

Die nationalsozialistische Rassenpolitik durchdrang in den Jahren nach 1933 die deutsche Gesellschaft. So ist seit langem bekannt, dass bei der Entwicklung des „Ausnahmerechts für die Juden in Deutschland 1933–1945" auch die „Umbenennung jüdischer Straßennamen" erfolgte. In unserer geschichtlichen Erinnerung wird die politische Entscheidung dazu vorrangig mit einem Runderlass vom 27. Juli 1938[1] verbunden. Die „Umbenennung" erscheint daher als punktuelle Teilaktion im obrigkeitlich gelenkten Prozess einer stufenweise entfalteten Diskriminierung deutscher Juden, vorgegeben und verordnet von den nationalsozialistisch beherrschten Zentralinstanzen des Deutschen Reiches, in diesem Falle vom Reichsministerium des Innern.

Die aus Steglitz überlieferten Akten des Vermessungsamtes, die diesem Beitrag zugrundeliegen, geben den Blick frei auf einen langfristig angelegten Entscheidungsprozess in der Kommunalverwaltung.[2] Es wird erkennbar, wie über Jahre hinweg antisemitische und generell „rassenpolitische" Kriterien verwaltungsintern stetig weiterentwickelt und beharrlich eingesetzt werden.

Voraussetzungen und Ansatzpunkte antisemitischer Tendenzen bei Straßenbenennungen nach 1933

Spätestens in den letzten Jahrzehnten des 19. Jahrhunderts wurden bei der Benennung von Straßen in den Dörfern und Gemeinden, die nach 1920 zum Bezirk Steglitz zusammenwuchsen, auch Namen von Angehörigen der jüdischen Religionsgemeinschaft berücksichtigt. Eine zum Beispiel in Lichterfelde nach der jüdischen Bankiersfamilie Reichenheim benannte Straße verlor diesen Namen wieder um die Jahrhundertwende. Die in der Landgemeinde Steglitz um 1896 vorgenommene Straßenbenennung nach der Familie Markstein scheint vor allem zu Ehren eines damals am Orte renommierten Bauunternehmers erfolgt zu sein, wobei dessen Zugehörigkeit zur jüdischen Religionsgemeinschaft keine Rolle gespielt haben muss.

Der Auftakt zur gesellschaftlichen Verankerung der nationalsozialistischen Rassenpolitik in Deutschland erfolgte nach den Märzwahlen 1933, vor allem im Zusammenhang mit dem sogenannten „Judenboykott" vom 1. April 1933 und mit Erlass und Durchführung des „Gesetzes zur Wiederherstellung des deutschen Berufsbeamtentums" vom 7. April 1933.

Nach der Etablierung der politischen Macht wurden in Berlin fast umgehend Straßenumbenennungen eingeleitet, die in Anknüpfung an die militaristische Traditionspflege nun „Blutzeugen" des Nationalsozialismus als „Männer der nationalen Erhebung" im geschichtlichen Bewusstsein zu verankern trachteten. Diese Ansprüche nach gleichrangiger Aufnahme in das nationale Erbe dominieren zunächst die Straßenbenennungspolitik und nicht etwa antisemitische Eingriffe. Gleichwohl schwingt im Feierkult der Nationalsozialisten seit der Verklärung der „Alten Kämpfer" zu „Blutzeugen der Bewegung" von vorneherein eine rassistische Komponente mit.

Die Entwicklung einer rassenpolitischen Regelanfrage bei Straßenbenennungen ab 1935

Die Intensivierung der NS-Rassenpolitik im Spätsommer 1935 hatte eine Entsprechung in der Berliner Straßenbenennungspolitik, die in dieser Deutlichkeit überrascht. Am 4. September 1935 erklärte das Außenpolitische Amt der NSDAP-Reichsleitung in einem Schreiben an den Staatskommissar der Hauptstadt Berlin: „... ist uns aufgefallen, daß man das Problem der jüdischen Straßennamen in Angriff nehmen könnte". Am 15. September 1935 wurden auf dem NSDAP-Reichsparteitag zu Nürnberg das „Reichsbürgergesetz" und das „Gesetz zum Schutze des deutschen Blutes und der deutschen Ehre" verkündet. Am 30. September 1935 wandte sich der Leiter der Berliner Haupttiefbauverwaltung, Dr. Kölzow, an die Bezirksbürgermeister sämtlicher Verwaltungsbezirke mit der Absichtserklärung, „in Kürze alle Straßen und Plätze Berlins umzubenennen, deren Bezeichnungen auf Juden zurückzuführen sind oder bei denen der Verdacht zu dieser Annahme besteht."

Am 3. Oktober 1935 bekannte auch Oberbürgermeister Sahm in einem Schreiben an den Staatskommissar der Hauptstadt Berlin Lippert: „Ich beabsichtige die Ausmerzung der Straßenbezeichnungen nach Juden, sobald eine einwandfreie Feststellung darüber vorliegt, welche Straßenbezeichnungen auf Juden zurückzuführen sind."

Auf Bezirksebene scheint dies hektische Aktivität hervorgerufen zu haben: In den Akten des Steglitzer Vermessungsamtes findet sich eine am 8. Oktober 1935 datierte handschriftliche Notiz mit der Auflistung von 25 Persönlichkeiten, nach denen in Steglitz in der Vergangenheit Straßen benannt worden waren und gegen die nun der „Verdacht eines jüdischen Namens" erwogen wird. So wird hinter den Namen des Komponisten Brahms der Verdacht „(Abrahamson?)" in Klammern gesetzt, dann aber die Nennung durchgestrichen. Andererseits sind in dieser Liste auch zwei Namen verzeichnet, die – obwohl hier aus der „Liste der Verdächtigen" gestrichen – in späteren Jahren dennoch aus der öffentlichen Ehrung mit einem Straßennamen geloscht wurden: Hünefeld und Markstein.

Am 9. Oktober 1935 wurde der Entwurf durch den Steglitzer Stadtbaurat „mit der Bitte um Entscheidung" dem Bezirksbürgermeister weitergereicht: „Nach beiliegenden Notizen sind Namen verdächtig geworden, die berühmte Künstler, Musiker, Astronomen, Wissenschaftler u.s.w. betreffen. Marschner z.B. wird auch z.Zt. viel gespielt. Ich bitte um Vfg. [Verfügung], wie verfahren werden soll." Dies erscheint beim Bezirksbürgermeister als etwas dünne Entscheidungsgrundlage, und so ging die Liste „urschriftlich zurück" mit dem kritischen Hinweis: „Ich kann unter den auf dem Zettel vermerkten Namen – auch den nicht durchgestrichenen – nur wenige, wenn überhaupt ‚verdächtige' entdecken und glaube, daß die Bauverwaltung auch imstande sein wird, selbst zu entscheiden ...".

Am folgenden Tag, dem 12. Oktober 1935, meldete der Steglitzer Stadtgeometer an die Hauptverwaltung nur noch einen „Verdacht eines jüdischen Namens", den 1861 verstorbenen Komponisten Heinrich Marschner. Diese Erwägung aber wurde offenbar in der Berliner Hauptverwaltung nicht als „rassenpolitisch" stichhaltig erachtet.

Die Berliner Haupttiefbauverwaltung erarbeitete aus den Ergebnissen der am 30. September 1935 eingeleiteten Umfrage bei den Bezirken eine „Zusammenstellung", die am 19. Oktober 1935 als Umbenennungsantrag an den Polizeipräsidenten in Berlin – Abt.III – weitergereicht wurde.[3]

Der Entscheidungsprozess über die „Ausmerzung der Straßenbezeichnungen nach Juden" geriet jedoch ins Stocken. Die in Berlin geplante Umbenennungsaktion wurde um die Jahreswende 1935/36 verschoben und erst im Juli 1938 nach einer reichseinheitlichen Entscheidung erneut aufgegriffen.

Anschließend wurde für die Reichshauptstadt eine Pause verfügt. Der Berliner Polizeipräsident Graf Helldorf teilte am 13. Mai 1936 dem Oberbürgermeister mit: „Im Hinblick auf den anläßlich der Olympiade zu erwartenden Fremdenverkehr und mit Rücksicht auf die zu diesem Zwecke bereits fertiggestellten Prospekte, Führer und Karten usw. halte ich es für richtig, vor der Olympiade keine Straßenumbenennungen im Polizeibezirk Berlin mehr vorzunehmen ...".

Aber die Entwicklung rassenpolitischer Kriterien zur Prüfung der Angemessenheit von Namensvorschlägen war auch bei Neubenennung von Straßen schon eingeleitet. Ein erster Hinweis findet sich in Steglitz im Zusammenhang mit dem eher konventionell und konservativ erscheinenden Vorschlag, den Namen einer lokalpolitisch verdienten Persönlichkeit aus der regionalgeschichtlichen Vergangenheit heranzuziehen. Dieser Antrag der Steglitzer Bezirksverwaltung vom 27. Januar 1936, eine Straße nach dem bereits 1920 verstorbenen, früheren Mariendorfer Gemeindevertreter Adolf Schünemann zu benennen, wurde durch verwaltungsintern angeregte Ahnenforschung ergänzt.

Am 12. März 1936 „bescheinigte" der „Stadtgeometer" im Namen [Stempel] des „Bezirksbürgermeister[s] des Verwaltungsbezirks Steglitz", dass eine am 7. März 1936 vom Stadtarchiv Brandenburg (Havel) ausgefertigte Abschrift mit dem Originaldokument übereinstimme. Bei dem als Begründung für erforderlich gehaltenen Dokument handelt es sich um einen Taufschein der Evang. Dom-Kirchengemeinde zu Brandenburg vom 1. Oktober 1847. Diese Heranziehung eines historischen Taufscheins ist, zumindest in Berlin-Steglitz, der früheste bekannte Vorgriff auf die Einführung eines „Arier-Nachweises" bei Straßenbenennungen.

Die Entfaltung neuer rassenpolitischer Kriterien im Rahmen einer schleichend sich zur Regelanfrage entwickelnden Praxis erfolgt in Steglitz 1936/37 bei der Fortführung militaristischer Traditionspflege durch weitere Straßenbenennungen im „Generalsviertel" von Lankwitz. Einzelschritte der Regelanfrage bei der Gestapo zum Vermerk in der „Freimaurer-Kartei" und der Reichsstelle für Sippenforschung zum „Arier-Nachweis" wurden gleichsam exemplarisch entwickelt:

Nach einer Rücksprache des Steglitzer Stadtvermessungsrats am 26. Oktober 1936 bei der Verbandsführung des „Reichsverbands Deutscher Offiziere e.V." sandte diese eine Aufstellung von 33 inzwischen verstorbenen Generalen des (Ersten) Weltkrieges (handschriftlich ergänzt durch drei weitere Namen „alter Generale" aus der Zeit vor dem Weltkrieg) jeweils mit höchst erreichtem Rang und Todesdatum, und stellte „anheim, die Ihnen geeignet erscheinenden Namen zur Benennung von Straßen ... zu verwenden."

Nachdem die Bezirksverwaltung vier Generale zur Benennung von Straßen in Aussicht genommen hat, wurde der Reichsverband Deutscher Offiziere gebeten, in den genannten Fällen Geburtsdatum und Datum des Eintritts ins Heer zu präzisieren. Die auf diesem Weg erlangten Informationen werden durch das Steglitzer Vermessungsamt eingesetzt zur Entwicklung eines Regelanfrageverfahrens:

Zunächst wird das Geheime Staatspolizeiamt um „möglichst umgehende Mitteilung (gebeten), ob

1. die evtl. Zugehörigkeit zu einer Freimaurerloge,
2. die arische Abstammung der erwähnten Generale dort bekannt ist".

Dr. Haselbacher [II 1 B 2] aus dem Geheimen Staatspolizeiamt teilte am 21. November 1936 fernmündlich mit: „Über die rassische Abstammung gibt das Einwohnermeldeamt Auskunft." Am 30. November folgt dann die schriftliche Klarstellung: Die „namhaft gemachten Generale sind in der hier geführten Freimaurer-Kartei als Mitglied früherer Logen nicht verzeichnet. Wegen des Nachweises ihrer arischen Abstammung bitte ich Rückfrage bei der Reichsstelle für Sippenforschung in Berlin zu halten."[4]

Dorthin richtet sich daher eine weitere Anfrage aus der Steglitzer Bezirksverwaltung. In der Antwort der Reichsstelle für Sippenforschung vom 12. Januar 1937 werden die vorgeschlagenen Generale nach drei Gruppen sortiert: Personen, bei denen „gegen die deutschblütige (arische) Abstammung ... keine Bedenken" bestehen; Personen über deren „Abstammung ... hier ein genealogisches Material nicht vor(liegt)", aber „nicht angenommen wird, daß ein fremder Bluteinschlag vorhanden ist"; Personen, die angesichts von Ergebnissen der „Sippenforschung" als nicht geeignet erscheinen. In diesem Sinne wird der General der Infanterie Kurt von Morgen (1858–1928) posthum zum „Nichtarier" und damit für unwürdig erklärt. Dementsprechend wurde die Neubenennung vom Bezirk Steglitz beantragt und nach Genehmigung durch den Polizeipräsidenten vom 11. März 1937 durchgeführt.

Ob das geschilderte Verfahren zu diesem Zeitpunkt nur ausgehend von der Bezirksverwaltung Steglitz erfolgte oder auch in anderen Berliner Bezirken bereits gängige Praxis war, kann nach der Steglitzer Aktenlage ebenso wenig beurteilt werden wie die Frage, in welchem Umfang die Berliner Hauptverwaltung zu diesem Zeitpunkt von dem Verfahren Kenntnis hatte.

Ende November 1936 will das Steglitzer Vermessungsamt neben die bisher benannten Helden der Freiheitskriege künftig Namen von „Freiheitskämpfern aus neuerer Zeit" setzen. Diesmal wird der „Deutsche Reichskriegerbund (Kyffhäuserbund) e.V." um Hinweise auf geeignete Personen gebeten. Als Kriterium wird dabei bereits vorgegeben: „Die arische Abstammung muß gewährleistet sein. Ferner sollen die durch Straßenbenennung zu ehrenden Personen nicht Angehörige einer Freimaurerloge gewesen sein." Damit ist eine in Steglitz künftig geltende Verwaltungsrichtlinie formuliert.

Steglitz erhielt im Antwortschreiben detaillierte Vorschläge zu Offizieren, die nach dem Ende des Weltkrieges als Freikorpsführer weitergekämpft hatten. Der Deutsche Reichskriegerbund e.V. unterließ aber jeglichen Hinweis auf eine rassenpolitische Überprüfung. Auch das Steglitzer Vermessungsamt verzichtete im Fall der am 20. Mai 1937 benannten Klüberstraße auf Anfragen bei der Freimaurer-Kartei der Gestapo und zum Abstammungsnachweis bei der Reichsstelle für Sippenforschung.

Zum „Komponisten-Viertel" in Lichterfelde wurde bei einer in Aussicht genommenen Straßenbenennung am 29. August 1936 eine Anfrage an die einschlägige Berufsvertretung gerichtet. Daraufhin teilte die „Reichsmusikkammer, Berufsstand der Deutschen Komponisten" Anfang September 1936 mit, „daß ... Conradin Kreutzer ... [1780–1849] ... Arier gewesen sein muß, denn er sollte ursprünglich Theologe werden. Er war auch 1812 zum württembergischen Hofkapellmeister ernannt, was zu jener Zeit einem Juden nicht möglich gewesen sein dürfte. Ich bemerke noch, daß der Taufschein dieses Komponisten ursprünglich auf Kreuzer (ohne ‚tz') lautete."

Im Fall der Brucknerstraße ein Jahr danach sah sich das Steglitzer Vermessungsamt am 2. November 1937 ohne Regelanfrage zu einer raschen Entscheidung in der Lage. Denn: „Im Frühjahr d. Js. ist durch den Führer in der Walhalla in Regensburg eine Brucknerbüste eingeweiht worden. Es ist anzunehmen, daß vorher Erkundigungen über Bruckner eingezogen worden sind, so daß sich weitere Nachforschungen wegen der arischen Abstammung usw. jetzt erübrigen."

Zeitlich parallel zu den Freikorpsermittlungen wurde ab dem 26. November 1936 nach geeigneten Namen für das „Erfinderviertel in Lichterfelde" gesucht. Der um Unterstützung gebetene Verein Deutscher Ingenieure unterbreitete zunächst 39 Vorschläge. Er stellte dann bei den in die engere Wahl gelangten sechs Namen eigene „Nachforschungen an, ... um die ... Frage nach der Abstammung usw. zu beantworten."

Das Ergebnis wurde im Antwortschreiben der VDI-Abteilung für technisch-geschichtliche Arbeiten vom 20. Februar 1937 – ähnlich wie im auf die Generale bezogenen Bescheid der Reichsstelle für Sippenforschung vom 12. Januar 1937 – in drei Gruppen sortiert: Personen, zu denen Angaben zum ‚Arier-Nachweis' durch Nachkommen geliefert werden [Blanckertz und Blochmann], im letzteren Fall zurück bis ins 7. Glied zum „Urururururgroßvater" im Jahre 1555; Personen, zu denen der VDI bei Literaturrecherchen „nichts finden [kann], was gegen die Annahme spricht, daß [der Genannte] arischer Abstammung war"; Personen, zu denen „noch lebende Abkömmlinge leider nicht bekannt [sind]. Aus der Kenntnis der ... vorliegenden Lebensbeschreibungen können wir jedoch mitteilen, daß uns nichts bekannt ist, was gegen ihre arische Abstammung spricht."

Bei den Ingenieuren sicherte die Steglitzer Kommunalbürokratie die Anfrage beim Berufsverband zusätzlich ab durch amtliche Ermittlung bei der Gestapo-Freimaurerkartei und zum „Arier-Nachweis" bei der Reichsstelle für Sippenforschung. Erst dann erfolgte die Genehmigung zu Blanckertzweg, Blochmannstraße und Gerberpfad.

Die Dauerbeschäftigung mit „Arier-Nachweisen" bei Straßenneubenennungen regte offenbar die Steglitzer Bauverwaltung dazu an, aus eigener Initiative die Frage der „Entjudung" vorhandener Straßennamen aufzugreifen. Ab Juli 1937 leitete der Stadtgeometer umfangreiche Ermittlungen über Julius Markstein ein, dem zu Ehren seit circa 1896 eine Steglitzer Straße benannt ist. Nach Amtshilfe aus dem Einwohnermeldeamt Berlin und dem Gesundheitsamt Steglitz wird die „Kirchenbuchstelle der Berliner Stadtsynode" [Alt-Berlin][5] als Nachrichtenquelle erschlossen. Im Lauf mehrerer Monate werden von dort Heiratsurkunden sowie Geburts- und Taufregister-Auszüge zur Verfügung gestellt, zurück bis zum Jahr 1788. Bei den Ermittlungen wird urkundlich belegt: Julius Markstein war Zeit seines Lebens Christ, sein Vater hatte sich mit „Einwilligung der Eltern" im 22. Lebensjahr taufen lassen, der Großvater allerdings war Rabbiner in Ungarn gewesen.

Im Widerspruch zu dieser Aktenlage behauptete der Stadtgeometer in einem am 6. Oktober 1937 entworfenen verwaltungsinternen Vermerk jedoch: „Die Nachforschungen bei der Kirchenbuchstelle Alt-Berlins haben ergeben, daß Markstein nicht arisch war. ... Die nach ihm benannte Marksteinstr. in Steglitz soll daher umbenannt werden."

Am 9. Oktober 1937 forderte die NSDAP-Kreisleitung Steglitz eine „Nachprüfung sämtlicher Straßennamen des Verwaltungsbezirks Steglitz, die auf Personen zurückzuführen sind."[6] Eingedenk seiner Umbenennungspläne formuliert der Steglitzer Stadtgeometer in einem Vermerk die Überlegung: „Da die Marksteinstr. in dem geplanten Ärzteviertel von Steglitz liegt, empfiehlt es sich, sie nach einem verdienten deutschen Arzt umzubenennen." Dementsprechend bitten Bezirksbürgermeister Treff und Baustadtrat Vogt gemeinsam den „Nationalsozialistischen Deutschen Ärztebund e.V." am 11. Oktober 1937, unter Einbeziehung der Überprüfung von arischer Abstammung und Nichtzugehörigkeit zu einer Freimaurer-Loge geeignete Namensvorschläge zu entwickeln.

Der spätere Reichsgesundheitsführer Dr. Leonardo Conti, zu diesem Zeitpunkt unter anderem Leiter des Berliner Gesundheitswesens und Gauobmann des NS-Ärztebundes, betont die „ideellen" Verdienste der von ihm vorgeschlagenen Ärzte. Über Professor Dr. Paul Reyher (1876–1934) stellt er zum Beispiel fest: „immer politisch national und judengegnerisch gesinnt, ein scharfer Gegner der Freimaurer..." und über Geheimrat Bumm: „Seine nationale Gesinnung war immer ohne Zweifel. In der Judenfrage war er farblos." Das Steglitzer Vermessungsamt kam am 18. November 1937 zu dem knapp formulierten Ergebnis, die vorgeschlagenen Namen seien „nicht verwendbar".

In der deutschen Gesellschaft war Rassenpolitik längst zu einem festen Bestandteil des Alltags geworden. Die Beschaffung familiengeschichtlicher Unterlagen über die „Abstammungsverhältnisse" und darauf gestützt der urkundlich zu belegende Nachweis der eigenen „Deutschblütigkeit" war in zahlreichen Tätigkeitsfeldern Voraussetzung für Ausbildungschancen, berufliche Karriere und „gesellschaftliches Ansehen". Vor diesem Hintergrund lösten weder der Einsatz von „Arier-Nachweisen" zur rassenpolitischen „Bereinigung" des Geschichtsbildes noch die Nutzung der Namensvergabe von Straßen als Instrument politischer Propaganda irgendwelchen Widerspruch aus.

Ausgehend von den Amtsstuben der Kommunalbürokratie, unterstützt durch die emsige Tätigkeit der „Berufssippenforscher" und der mit der Auswertung alter Kirchenbücher beschäftigten Mitarbeiter in den Kirchenkanzleien, gefördert durch persönliche und politische Geltungsansprüche der Vertreter und Angestellten berufsständischer Verbände wurde dieser Missbrauch geschichtlicher Erinnerung zum allgemein üblichen Verhalten.

Zu Beginn des Jahres 1938 war es offenbar ganz normal, wenn der Steglitzer Architekt Dr. Ing. Erdmann G. nach Bebauung des ehemals Pasemann'schen Geländes einen Antrag, die dorthin führende Straße nach der Familie des historischen Grundeigentümers zu benennen mit dem Hinweis verbindet: „Es ist selbstverständlich, daß der ordnungsgemäße arische Nachweis jederzeit erbracht werden kann."

Nach einer gutachterlichen Stellungnahme des angesehenen Lokalhistorikers Paul Görges über die Frage, ob die Vorfahren der Grundeigentümerfamilie „besondere Verdienste um das Gemeinwohl" erworben und ihr der Rang eines „alteingesessenen Bauerngeschlechtes" zugebilligt werden kann, wurde der Benennungsvorschlag schließlich abgelehnt. Die Sachbearbeiter im Steglitzer Vermessungsamt aber haben als Nebenergebnis aus dem Gutachten einen ortsgeschichtlichen Hinweis auf die ehemalige Bedeutung der Familie Suchland erhalten. So richtet der Steglitzer Bezirksbürgermeister am 19. Januar 1938 den Antrag an den Oberbürgermeister Berlins: „Es ist festgestellt worden, daß der Name Markstein … jüdischen Ursprungs ist. Ich bitte daher, die Marksteinstraße umbenennen zu lassen und schlage die Bezeichnung ‚Suchlandstraße' vor. Die Suchlands waren ein altes Steglitzer Bauerngeschlecht …".

Die Haupttiefbauverwaltung aber betonte, „die Umbenennung der Marksteinstraße dem Polizeipräsidenten nur vorschlagen [zu können], wenn einwandfrei feststeht, dass der Träger dieses Namens Volljude im Sinne der Nürnberger Gesetze war. Ihre Mitteilung, dass der Name jüdischen Ursprungs sei, genügt also nicht." Der Steglitzer Stadtgeometer verstärkte daraufhin seine Beschäftigung mit Ahnenforschung und bemüht sich, nun die Markstein-Vorfahren mütterlicherseits aufzuklären zurück bis zum Jahre 1750, abermals mit Unterstützung durch die Kirchenbuchstelle Alt-Berlin und mit zusätzlichen Anfragen bei der Französischen Kirche und beim polizeilichen Melderegister.

Auf dieser Basis kann der fleißige Beamte nach einem weiteren halben Jahr eigenhändig eine Ahnentafel für den lange verstorbenen Julius Markstein erstellen. Ergebnis: „Es sind … 2 Großelternteile jüdisch und 2 nichtjüdisch gewesen. … Julius Markstein ist daher nicht Volljude im Sinne der Nürnberger Gesetze gewesen."

Gleichwohl unerschüttert an seiner Umbenennungsabsicht festhaltend wandte er sich an die Haupttiefbauverwaltung: „Der Träger des Namens Markstein ist nicht Volljude im Sinne der Nürnberger Gesetze gewesen. Die Beseitigung des Straßennamens erscheint mir aber trotzdem erwünscht. Der Vater des M. ist Volljude gewesen. Ich bitte daher, meinem Umbenennungsantrage … stattzugeben."

Am 19. Juli 1938 erfolgte jedoch die Ablehnung: „Nach einer Entscheidung des Reichsführers SS und Chef der Deutschen Polizei sollen, um unnötige Veränderungen zu vermeiden, nur diejenigen Strassen mit jüdischen Namen umbenannt werden, deren Namensträger Volljuden im Sinne der Nürnberger Gesetze waren und deren Namen als typisch jüdisch zu bezeichnen sind. … Ich kann daher Ihrem Umbenennungsantrage nicht stattgeben."[7]

Angesichts der Machtverhältnisse im nationalsozialistischen Deutschland muss dies als endgültige Entscheidung erscheinen. Dann aber wurde, zumindest für die Kommunalverwaltung auf Bezirksebene überraschend, reichsweit die Rechtslage geändert.

Die „Entjudung" der bisherigen Straßennamen ab Sommer 1938

Die bisher in den Berliner Bezirken sowie in den deutschen Kommunalbehörden insgesamt von Gemeinde zu Gemeinde in Form und Terminsetzung unterschiedlich vorangetriebene Einführung rassenpolitischer Kriterien in den jeweiligen Entscheidungsprozess über die Namensvergabe für Straßen wurde ab Sommer 1938 ergänzt durch eine reichseinheitlich durchgeführte Politik der Umbenennung bisheriger Straßennamen.

Am 22. Juli 1938 wandte sich die Abteilung III des Polizeipräsidenten in Berlin mit einem Schreiben[8] an die Haupttiefbauverwaltung beim Oberbürgermeister von Berlin. Es enthält die Aufforderung, die Akten über die um die Jahreswende 1935/36 abgebrochene Aktion der Straßenumbenennung in Berlin zu aktualisieren und einen entsprechenden Antrag erneut zu stellen. Außerdem muss darauf hingewiesen worden sein, dass ein entsprechender Runderlass des Reichsinnenministers „über die Anbringung der neuen Straßenschilder und die Beseitigung der alten Namen" demnächst ergehen wird. Die nun fällige Bilanz ergibt: „Die Verwaltungsbezirke Weißensee, Mitte, Wedding, Kreuzberg, Tempelhof, Köpenick und Lichtenberg weisen keine jüdischen Straßennamen mehr auf." [9]

Bereits am 26. Juli 1938 wurde die geforderte „Zusammenstellung der bisher noch nicht umbenannten Straßen aus dem am 19. Oktober 1935 eingereichten Ursprungsantrag" dem Polizeipräsidenten zur Genehmigung übermittelt.[10] Die Berliner Haupttiefbauverwaltung bemühte sich, das weitere Vorgehen bei der Umbenennungsaktion mit dem Polizeipräsidenten und den Berliner Bezirken abzustimmen. Die Bezirksbürgermeister wurden gleichzeitig gebeten, „die Bevölkerung in geeigneter Weise auf die Umbenennungen aufmerksam zu machen." Am 27. Juli 1938 erging „an alle Polizei- und Gemeindebehörden" ein Runderlass des Reichsinnenministers über „Jüdische Straßennamen": „Soweit dies noch nicht geschehen ist, sind sämtliche nach Juden und jüdischen Mischlingen I. Grades benannten Straßen oder Straßenteile unverzüglich umzubenennen ...".[11] Der für Durchführung dieser Maßnahmen vorgegebene Zeitrahmen wird außerordentlich knapp gesetzt: „Über die vollzogene Umbenennung ist mir bis spätestens 1.10.1938 zu berichten. Fehlanzeige ist erforderlich. Frist bei den preuß. Reg.-Präs.: 20.9.1938, bei den Kreispol.-Behörden in Preußen: 10.9.1938."

Die in den Entscheidungsprozess der Straßennamensgebung eingeführte Praxis einer Regelanfrage für den Nachweis der „arischen Abstammung", wie sie im Falle der Steglitzer Kommunalverwaltung seit einer Empfehlung des Geheimen Staatspolizeiamtes Berlin vom 30. November 1936 stufenweise entwickelt worden ist, wurde nun reichseinheitlich angeordnet: „Bestehen Zweifel darüber, ob jemand als Jude oder jüdischer Mischling I. Grades anzusehen ist, so ist die Reichsstelle für Sippenforschung ... um entsprechende Auskunft zu ersuchen."

Bei der geplanten reichsweiten Aktion zur Auslöschung aller noch bestehenden „jüdischen Straßennamen" sollte die Unterrichtung der Öffentlichkeit abweichend von der sonst üblichen Form erfolgen: „Die Straßenschilder mit jüdischen Namen dürfen nicht, wie dies sonst bei Straßenumbenennungen üblich ist, noch längere Zeit neben den neuen belassen werden; sie sind gleichzeitig mit der Anbringung der neuen zu entfernen."

Das Vermessungsamt Steglitz hat die mit dem Runderlass vom 27. Juli 1938 entstehende neue Rechtslage mit Ausweitung auf die „Mischlinge I. Grades" und die geplante reichsweite Aktion zunächst nicht registriert. Hier wurde noch Anfang August ein Schreiben entworfen, in dem der NSDAP-Kreisleitung Steglitz mitgeteilt werden soll: „Auf Grund Ihres Schreibens vom 9.10.1937 habe ich eine Nachprüfung sämtlicher Straßennamen des Verwaltungsbezirks Steglitz, die auf Personen zurückzuführen sind, angeordnet. Die Arbeiten konnten noch nicht abgeschlossen werden, da die Beschaffung der erforderlichen Urkunden sehr zeitraubend ist." Allerdings: „Soweit sich bisher übersehen läßt, sind Straßennamen von Volljuden im Sinne der Nürnberger Gesetze ... im Verwaltungsbezirk Steglitz nicht vorhanden." Wie von der Haupttiefbauverwaltung zuletzt am 19. Juli 1938 mitgeteilt, betont der Briefentwurf noch einmal, nur „Straßennamen von Volljuden ... kommen für eine Umbenennung in Frage."

Jene inzwischen inhaltlich überholte Ablehnung einer Umbenennung der Marksteinstraße soll nun in Abschrift der Steglitzer NSDAP-Kreisleitung „mit der Bitte um Kenntnisnahme" zugesendet werden. Vermutlich glaubte man in der Steglitzer Bezirksverwaltung, damit parteiintern Druck auslösen zu können.

Am 2. August 1938 stoppt Stadtgeometer N. die Ausfertigung dieser inzwischen vollständig überholten Mitteilung, ehe am Tag darauf auch die Steglitzer unter der Überschrift „Keine jüdischen Straßennamen mehr" im „Völkischen Beobachter" vom 3. August 1938 lesen können: „Nach einem

Erlaß des Reichsinnenministers sind sämtliche nach Juden und jüdischen Mischlingen ersten Grades benannten Straßen oder Straßenteile unverzüglich umzubenennen, soweit dies noch nicht geschehen ist. In Zweifelsfällen gibt die Reichsstelle für Sippenforschung Auskunft. Die Straßenschilder mit jüdischen Namen sind gleichzeitig mit der Anbringung der neuen zu entfernen."

Am 13. September 1938 wurde der Haupttiefbauverwaltung mitgeteilt, dass der Polizeipräsident die amtliche Verkündung und Veröffentlichung der neuen Straßennamen am 24. September 1938 beabsichtige. Davon wurden umgehend auch die Bezirke unterrichtet.

Am 17. September 1938 unterzeichnete Polizeipräsident Graf Helldorf die Liste der in Berlin angeordneten Umbenennungen, gerade noch im Rahmen der im Runderlass des preußischen Regierungspräsidenten gesetzten Frist zum 20.9.1938. Die Berliner Bezirke werden über die Umbenennungen allerdings erst am 26. September 1938 schriftlich unterrichtet, mithin nach Ablauf der für die preußischen Kreisbehörden gesetzten Frist zum 10.9.1938. Es lag nun an den Bezirksverwaltungen, ob die „bis spätestens 1.10.1938" geforderte Meldung über die „vollzogene Umbenennung" an das Reichsinnenministerium für ganz Berlin rechtzeitig erfolgte.

Im Bezirk Steglitz ordnete der Polizeipräsident zwei Umbenennungen an: Sachs und Markstein. In der Einzelbegründung und im Verfahren scheint es dabei Varianten gegeben zu haben, die noch intensivere Untersuchungen erfordern: Die Umbenennung der Sachsallee zu Gunsten von Heinrich G. A. Engler, dem 1930 verstorbenen Gründungsdirektor des Botanischen Gartens am Standort Berlin-Steglitz, erfolgte ohne irgendwelche in den Akten der Steglitzer Verwaltung nachzuweisenden Diskussionen.[12] Markstein hätte bereits durch die Hauptverwaltung im Rahmen des Berliner Gesamtantrags vom 26. Juli mit zur Streichung vorgeschlagen werden können, weil der folgende Runderlass die Namen von „Mischlingen I. Grades" generell in die reichsweite Umbenennungsaktion mit einbezieht. Über die veränderte Rechtslage bis dahin nur durch eine Pressemeldung im „Völkischen Beobachter" unterrichtet, wandte sich das Steglitzer Vermessungsamt am 8. August mahnend an die übergeordnete Verwaltung beim Oberbürgermeister: „Wie der V.B. am 3.8.38 mitteilt, sind nach einem Erlaß des Reichsinnenministers sämtliche nach Juden und jüdischen Mischlingen ersten Grades benannte Straßen oder Straßenteile unverzüglich umzubennen. Da der Träger des Namens Marksteinstraße, Karl Julius Emanuel Markstein, zwei jüdische Großelternteile hatte und somit jüdischer Mischling ersten Grades war, bitte ich nochmals, meinem Umbenennungsantrag vom 19.1.38 stattzugeben."

Aber erst nachdem die Umbenennungsanträge vom 26. Juli, einschließlich der Sachsallee, durch den Polizeipräsidenten am 9. August genehmigt und die Bezirke von der Hauptverwaltung am 15. August zur Bestellung der neuen Straßenschilder aufgefordert worden waren, reichte diese auch den Steglitzer Umbenennungsantrag Markstein an den Polizeipräsidenten zur Genehmigung weiter. Am 31. August wurde das Steglitzer Vermessungsamt unterrichtet, dass „der Polizeipräsident die Umbenennung der Marksteinstraße in ‚Suchlandstraße' genehmigt" hat. Die Steglitzer „Bezirksnachrichtenstelle" versandte am 7. September die eher distanzierte Pressenotiz: „Die Marksteinstraße in Steglitz gehört zu den Straßenzügen, die umbenannt werden müssen, weil ihr Name … nach den heutigen Grundsätzen unerwünscht ist." In der am 17. September 1938 vom Polizeipräsidenten unterzeichneten Gesamtgenehmigung der Berliner Umbenennungsaktion wird auch die Streichung des Namens Markstein zu Gunsten von Suchland verfügt.

Angesichts der großen Anzahl der reichsweit betroffenen Straßen ergaben sich bei der „Beschaffung der erforderlichen neuen Straßenschilder Schwierigkeiten". So konnte Steglitz die Umbenennungen zwar am 24. September „durchführen", muss aber verwaltungsintern melden: „Es sind jedoch vorläufig Holzschilder angebracht worden. Die Auswechselung erfolgt nach Anlieferung der Emailleschilder demnächst."

Nun erst nach eilbedürftig vollzogener Tat wurde das Bezirksamt am 26. September auch amtlich von der Hauptverwaltung über die Genehmigung des Polizeipräsidenten vom 17. September unterrichtet. Erst jetzt erhielten die Bezirksämter mit der als Anlage beigefügten Berliner Gesamtliste genaue Kenntnis über die Breite der durchgeführten Umbenennungsaktion.

Am 3. Oktober 1938 kann Steglitz den Vollzug der Umbenennungen Marksteinstraße in Suchlandstraße und Sachsallee in Englerallee zur Veröffentlichung im Amtsblatt der Stadt Berlin melden. Laut Runderlass hatte die Meldung über „vollzogene Umbenennung" an das Reichsministerium des Innern „bis spätestens 1.10.1938" zu erfolgen. So ist es Steglitz – wenn auch mit provisorischen Straßenschildern – gerade noch gelungen, die reichsweit gesetzten Termine zu erreichen.

Im folgenden Jahr 1939 wurden zwei weitere posthum zu „Mischlingen I. Grades" erklärte Namen in Steglitz aus dem kollektiven Gedächtnis gestrichen: Hünefeld und Meyer-Waldeck. Der als Ozeanflieger bekannt gewordene Ehrenfried Günther von Hünefeld (1892–1929) hatte den größten Teil seines Lebens in Südende gelebt. Auch nach seinem frühen Tod 1929 gehörte er zu den vor allem in nationalen Kreisen hochverehrten Persönlichkeiten. Die Hermannstraße in Steglitz war am 30. Januar 1933 nach Hünefeld benannt worden. Nun im Oktober 1938 ging die Initiative zur Streichung der Ehrung unmittelbar von der Zentralbehörde der rassenpolitischen „Gutachten" aus. Im Steglitzer Vermessungsamt wurde vermerkt: „Die urkundliche Nachprüfung durch den Leiter der Reichsstelle für Sippenforschung hat ergeben, daß die Träger der Straßennamen Hünefeldstraße und Meyer-Waldeck-Straße, nämlich der Ozeanflieger Freiherr Ehrenfried Günther v. Hünefeld und der ehemalige Gouverneur von Kiautschou, Vizeadmiral a.D. Alfred Wilhelm Moritz Meyer-Waldeck jüdische Mischlinge waren. Die Hünefeldstraße und die Meyer-Waldeck-Straße sind daher umzubenennen."

Möglicherweise war nach Abschluss der reichsweiten Umbenennungsaktion eine generelle Überprüfung eingeleitet worden, ob denn nun auch wirklich „sämtliche nach ... jüdischen Mischlingen ersten Grades benannten Straßen" entsprechend dem Runderlass vom 27. Juli 1938 umbenannt worden sind. Wahrscheinlicher ist, dass der Steglitzer Diensteifer im Falle Markstein eine „Nachmeldung" durchzusetzen, den Leiter der Reichsstelle veranlasst hat, speziell die Steglitzer Straßennamen noch einmal zu überprüfen.

Die weitere Entwicklung des Entscheidungsprozesses zeigt auf jeden Fall, dass ein denkbarer Konflikt zwischen überlieferter vaterländischer Traditionspflege und nationalsozialistischer Rassenpolitik nicht mehr ausgetragen wird. Die neu geschaffene Rechtslage hat den absoluten Vorrang der Rassenfrage eindeutig verankert, einschließlich der Verfolgung von Mischlingen I. Grades sogar in der geschichtlichen Erinnerung.

Eine vorübergehend für die Hünefeldstraße in Aussicht genommene Ersatzbenennung nach dem General der Kavallerie Ernst von Heydebreck griff zwar einen Vorschlag des „Reichsverbandes deutscher Offiziere" vom 28. Oktober 1936 auf. Zudem: „Für die deutschblütige (arische) Abstammung v. Heydebrecks liegt eine Unbedenklichkeitsbescheinigung der Reichsstelle für Sippenforschung vom 17.1.1937 vor." Bezirksbürgermeister Treff aber stellte am 5. November 1938 verwaltungsintern fest: „Heydebreckweg kommt nicht in Frage, weil der Name zu Mißdeutungen Anlaß geben kann. (Ein Heydebreck ist am 30.6.34 im Zusammenhang mit der Röhm Angelegenheit erschossen worden!)." Aus der seit Jahren erarbeiteten Vorschlagsliste für das Generalsviertel wählte das Steglitzer Vermessungsamt jetzt den General Reinhard Freiherr von Scheffer-Boyadel aus. Wie eingeübt, wandte man sich an den „NS.-Deutschen Reichskriegerbund (Kyffhäuser) e.V." mit der Bitte „um Mitteilung, ob die arische Abstammung des Genannten gewährleistet erscheint." Dort ist das Verfahren der Überprüfung offenbar „verbessert" worden, indem die Beweislast den Nachkommen einer zu ehrenden Person auferlegt wurde. Die inzwischen mit einem SS-Oberführer besetzte Adjudantur des „Reichskriegerführer" bestätigte, „daß auf Grund des vorgelegten amtlich beglaubigten Ahnenpasses die Familie v. Scheffer väterlicher- und mütterlicherseits bis zum Jahre 1784 den Nachweis der arischen Abstammung erbracht hat".[13] Im Januar 1939 wurde das Antrags- und Genehmigungsverfahren vom Bezirk eingeleitet über Oberbürgermeister zum Polizeipräsident und in denselben Stufen wieder zurück. Am 20. März verkündete der Polizeipräsident die gleichzeitige Umbenennung der Hünefeldstraße in Ellwanger Straße, der Meyer-Waldeck-Straße in Schefferweg sowie der Friesen- und Arndtstraße in Rathstraße.

In welchem Umfang die rassenpolitisch begründete Auslöschung von Namen nur ein Vorspiel war zur Verfolgung und Vernichtung der Familien und Nachkommen ehedem geehrter Menschen ist in den über fünfzig seitdem vergangenen Jahren nicht systematisch untersucht worden.[14]

Anmerkungen

* Der Beitrag von Dieter Fitterling, der 1999 in der Broschüre „Straßenname dauert noch länger als Denkmal. Die Benennung von Straßen in Berlin-Steglitz 1933–1948" veröffentlicht wurde, wurde für diese Publikation leicht gekürzt und stilistisch behutsam angepasst. In diesem Zusammenhang wurde auch die vom Autor bewusst gewählte Erzählform des historischen Präsenz abgeändert und an die anderen Beiträge angepasst.

1 Vgl. u.a. Joseph Walk (Hg.), Das Sonderrecht für die Juden im NS-Staat, 2. Aufl. Heidelberg 1996, Nr. II, S. 514.

2 Grundlage für den folgenden Beitrag sind Akten über Straßenbenennung der ehemaligen Abteilung Bauen und Wohnen des Bezirksamtes Steglitz, Fachbereich Straßenbau, die sich heute im Archiv des Straßen- und Grünflächenamtes Steglitz-Zehlendorf befinden. Der hier behandelte Zeitabschnitt wird in den Bänden 4/5 und 6 dokumentiert.

3 Vgl. die entsprechenden Angaben im Schreiben des Polizeipräsidenten vom 26.7.1938. Der vollständige Text der 1938 als „Ursprungsantrag" bezeichneten Zusammenstellung ist bislang noch nicht wieder bekannt geworden. Gesichert ist jedoch, dass Jahre später auf der Basis dieser Daten vom 19.10.1935 eine „Zusammenstellung der bisher [bis zum 26.7.1938] noch nicht umbenannten jüdischen Straßen aus [dem] Ursprungsantrag" erstellt wird.

4 Die „Reichsstelle für Sippenforschung" entstand 1935 aus dem Büro des „Sachverständigen für Rassefragen beim RmdI". Die Gutachten der Reichsstelle über die aufgrund vorgelegter Urkunden geprüften „Abstammungsverhältnisse" tragen ab 21.9.1936 die Bezeichnung „Abstammungsbescheid" (RMBliV, Sp. 1579). Nach dem Rd.Erl.d.RMdI vom 25.6.1938 gelten Gutachten der Reichsstelle für Sippenforschung als vollgültige Abstammungsnachweise, zu denen weitere Unterlagen nicht beigebracht zu werden brauchen. Durch Erlass vom 12.11.1940 (RMBliV, Sp.. 2121) wird diese Reichsstelle umbenannt in „Reichssippenamt". Zu deren Aufgaben gehört dann die Aufstellung eines „Jüdischen Personenstandsregisters", das schließlich zur Grundlage für die Deportation der zu „Juden" gestempelten deutschen Staatsbürger wird. Vgl. Hans Buchheim, Das Reichssippenamt. In: Gutachten des Instituts für Zeitgeschichte, München 1958, S. 281–282.

5 Vgl. zur Auswertung der Kirchenbücher in den Außenbezirken Berlins: Sabine Wernitzsch, „Wir haben nicht nach dem Warum zu fragen – wir haben zu tun, was uns geboten ist." Die Johannesgemeinde Lichterfelde. In: Bezirksamt Steglitz von Berlin (Hg.), Steglitz im Dritten Reich, Berlin 1992, S. 132f.

6 Der vollständige Text dieses Schreibens ist nicht bekannt. Die hier genannte Forderung ergibt sich aus dem am 2.8.1938 durch den Steglitzer Stadtgeometer abgezeichneten Entwurf zu einem Antwortschreiben.

7 Die hier genannte Entscheidung Himmlers ist in den Steglitzer Akten nicht näher belegt. Sie findet sich auch nicht in den einschlägigen Dokumentationen über das antisemitische Sonderrecht des Deutschen Reiches. Zeitgeschichtlich zuzuordnen wäre eine solche Entscheidung der damaligen Auseinandersetzung über den in der „Judenfrage" einzuschlagenden Kurs. Der Berliner NSDAP-Gauleiter und Reichspropagandaminister Goebbels bemühte sich im Frühsommer 1938 mit Unterstützung des Polizeipräsidenten Helldorf, durch politisch gesteuerte Auslösung von Boykotten und Unruhen die Juden Berlins gesellschaftlich zu ghettoisieren und dann die Reichshauptstadt schnellstmöglich „judenfrei" zu machen. Gegen diese regionale Sonderpolitik setzten SD und Innenministerium einen reichseinheitlichen Kurs durch, der zunächst in der „Ausschaltung der Juden aus dem deutschen Wirtschaftsleben" gipfelte. – Vgl. Wolf Gruner, „Lesen brauchen sie nicht zu können". Die „Denkschrift über die Behandlung der Juden in der Reichshauptstadt auf allen Gebieten des öffentlichen Lebens" vom Mai 1938. In: Jahrbuch für Antisemitismusforschung 4 (1995), S. 305–341; zum Gesamtzusammenhang: Peter Longerich, Politik der Vernichtung, München 1998, insbes. S.172–185. – Der in meiner Studie im Abschnitt über die „Entjudung" der bisherigen Straßennamen ausführlich dargelegte Runderlass des Reichsinnenministers über „jüdische Straßennamen" vom 27. Juli 1938 und dessen Auswirkungen in der Berliner Kommunalpolitik gehören ohne Zweifel ebenfalls in den Kontext jener Auseinandersetzung, die schließlich im Pogrom vom November 1938 mündete.

8 Der vollständige Text dieses Schreibens ist bislang nicht bekannt. Die in unserem Zusammenhang wichtige Aufforderung des Polizeipräsidenten lässt sich jedoch aus dem in den Steglitzer Akten überlieferten Antworttext der Haupttiefbauverwaltung vom 26. Juli 1938 erschließen.

9 Vgl. Bericht der Nordost-Zeitung vom 6.8.1938. In: Kulturamt Weißensee (Hg.), Juden in Weißensee, Berlin 1994, S. 179.

10 Der sogenannte „Ursprungsantrag" vom 19. Oktober 1935 ist im Wortlaut nicht überliefert. Bei der „Zusammenstellung der [am 26.7.1938] noch nicht umbenannten jüdischen Straßen aus dem Ursprungsantrag" handelt es sich zweifellos im Wesentlichen um die mit Schreiben vom 9.8.1938 durch den Polizeipräsidenten genehmigten „Straßen- und Platzumbenennungen", die dann durch Verfügung des Polizeipräsidenten vom 17.9.1938 angeordnet wurden. Änderungen der vorgeschlagenen Umbenennungen zwischen 26.7. und 9.8. bzw. 17.9.1938 sind bislang nicht bekannt.

11 In der wissenschaftlichen Literatur wird bislang stets auf die in den einschlägigen Gesetzessammlungen referierte Kurzfassung des Runderlasses Bezug genommen. Dabei sind insbesondere die im Abschnitt (4) des RdErl vorgegebenen Terminsetzungen übersehen worden. So sind die aus vielen Orten überlieferten antisemitischen Straßenumbenennungen vom Spätsommer 1938 in ihrem Zusammenhang als reichsweite Aktion keineswegs hinreichend analysiert.

12 Diese noch im selbstständigen Ort Dahlem großzügig angelegte Verbindungsstraße zwischen Botanischem Garten und Schorlemer Allee gehört seit 1920 zum Bezirk Zehlendorf. Erst durch Änderung der Bezirksgrenzen zum 1. April 1938 verläuft die Allee auch durch den Bezirk Steglitz. Die Umbenennung wurde im Rahmen der Großaktion am 26. Juli 1938 von der Haupttiefbauverwaltung beantragt und am 17. September 1938 durch den Polizeipräsidenten verfügt. Die Steglitzer Akten enthalten keinen Hinweis auf Motive und Begründung der Umbenennung. Nach Auskunft des Zehlendorfer Tiefbauamts sind dort „keine weiteren Unterlagen über die Benennung der Sachsallee bzw. Englerallee" überliefert.

13 Aus dem zunächst als Dachorganisation der Vereine ehemaliger Soldaten 1899/1900 gegründeten „Kyffhäuser-Bund der Deutschen Landeskriegerverbände" wird 1922 die reichseinheitlich aufgebaute, militaristische Massenorganisation „Deutscher Reichskriegerbund ‚Kyffhäuser'". Seit März 1938 durch Erlass Hitlers zur alleinigen Vereinigung aller ehemaligen Soldaten erklärt, trägt der ‚Kyffhäuser-Bund' ab 1. Januar 1939 offiziell den Namen „Nationalsozialistischer Reichskriegerbund". Oberst a. D. Wilhelm Reinhard, seit 1934 als „Bundesführer" amtierend, führte 1938 den Titel „Der Reichskriegerführer" und wurde General der Infanterie und SS-Gruppenführer. Vgl. Dieter Fricke/Werner Bramke, Lexikon zur Parteiengeschichte. Band 3, Leipzig 1985, S. 325–344. – Das Scheffer-Boyadel betreffende Schreiben vom 6. Dezember 1938 ist unterzeichnet durch von Proeck, SS-Oberführer, Major a. D., namens der Adjudantur des „Reichskriegerführers".

14 Nach Verhaftung aus dem langjährigen Wohnhaus der Familie von Hünefeld in der mehrfach umbenannten Steglitzer Straße wurde die Tante des Flugpioniers, Alice von Hünefeld geb. Lachmann, am 17. März 1943 nach Theresienstadt deportiert und ermordet.

Im Kinderland

„Setzt eurem gesunden Humor ein Denkmal!“

Zur Geschichte der Straßenbenennungen in der SS-Kameradschaftssiedlung in Berlin-Zehlendorf 1937–1945

Thomas Irmer

Am 3. November 1938 benannte der damalige Berliner Polizeipräsident Wolf-Heinrich Graf von Helldorff 15 Straßen in der neu errichteten SS-Kameradschaftssiedlung in Zehlendorf.[1] Für die Namensfindung hatte die SS ein Preisausschreiben unter ihren Mitgliedern veranstaltet. So wurden Vorschläge für Straßennamen einer Siedlung in bevorzugter Wohnlage gesammelt, in der mehrere hundert SS-Angehörige verschiedener Dienstgrade mit ihren Familien leben sollten. Dieser Beitrag beleuchtet die Hintergründe und die Funktion der Straßenbenennungen in der SS-Siedlung.

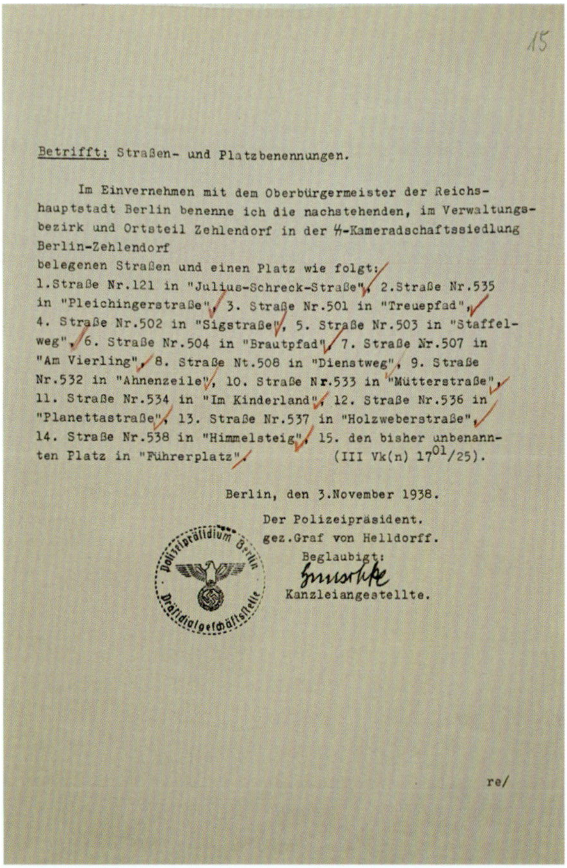

15

Betrifft: Straßen- und Platzbenennungen.

Im Einvernehmen mit dem Oberbürgermeister der Reichshauptstadt Berlin benenne ich die nachstehenden, im Verwaltungsbezirk und Ortsteil Zehlendorf in der SS-Kameradschaftssiedlung Berlin-Zehlendorf belegenen Straßen und einen Platz wie folgt: 1.Straße Nr.121 in "Julius-Schreck-Straße", 2.Straße Nr.535 in "Pleichingerstraße", 3. Straße Nr.501 in "Treuepfad", 4. Straße Nr.502 in "Sigstraße", 5. Straße Nr.503 in "Staffelweg", 6. Straße Nr.504 in "Brautpfad", 7. Straße Nr.507 in "Am Vierling", 8. Straße Nt.508 in "Dienstweg", 9. Straße Nr.532 in "Ahnenzeile", 10. Straße Nr.533 in "Mütterstraße", 11. Straße Nr.534 in "Im Kinderland", 12. Straße Nr.536 in "Planettastraße", 13. Straße Nr.537 in "Holzweberstraße", 14. Straße Nr.538 in "Himmelsteig", 15. den bisher unbenannten Platz in "Führerplatz". (III Vk(n) 17^{01}/25).

Berlin, den 3.November 1938.

Der Polizeipräsident.
gez.Graf von Helldorff.
Beglaubigt:
Kanzleiangestellte.

re/

Abb. 1 Benennungsschreiben vom 3. November 1938
Straßenbenennungsakten Steglitz, Bd. 4/5 (1933–1938), Straßen- und Grünflächenamt Steglitz-Zehlendorf

Ein Wohnpark in Zehlendorf für Schreibtischtäter

Die SS-Siedlung wurde als reine Wohnsiedlung in einem „Gebiet für gehobene Ansprüche“ zwischen 1937 und 1939 auf einem großen, teilweise leicht hügeligen, noch unerschlossenen Gelände zwischen der Argentinischen Allee und dem Quermatenweg in Zehlendorf geplant und errichtet. Im Westen durch das Ufer der Krummen Lanke begrenzt, umfasste die Siedlung über 600 Wohneinheiten in unterschiedlichen Bautypen: von freistehenden Einfamilienhäusern über Doppel- und Reihenhäuser bis hin zu dreigeschossigen Mehrfamilienhäusern mit Etagenwohnungen. Die Siedlung verfügte über viele Grünflächen, der Baumbestand mit Birken und Kiefern wurde weitestgehend erhalten beziehungsweise im Zuge der Planungen ergänzt. Manche der Häuser sollen mit Luftschutzkellern ausgestattet gewesen sein. Verkehrstechnisch war die Siedlung nicht nur durch die angrenzende Argentinische Allee, sondern auch durch die nahe gelegenen U-Bahnhöfe Onkel Toms Hütte und Krumme Lanke sehr gut erschlossen.

Geplant und errichtet wurde die Siedlung von der Gagfah in Abstimmung mit dem „Siedlungsamt beim Rasse- und Siedlungshauptamt der SS“. Die Gagfah war 1918 von einer Angestelltenge-

Abb. 2 Die SS-Kameradschaftssiedlung unmittelbar nach ihrer Fertigstellung, Blick von Süden in den heutigen Salemer Steig, um 1940
Foto: © Gagfah

werkschaft unter dem Namen „Gemeinnützige Aktien-Gesellschaft für Angestellten-Heimstätten" als gemeinnützige Wohnungsbaugesellschaft gegründet worden. Nach 1933 wurde sie zunächst von der Deutschen Arbeitsfront und dann von der Reichsversicherungsanstalt für Angestellte (RfA) übernommen. In die SS-Kameradschaftssiedlung sollten vor allem Angehörige der damaligen SS-Hauptämter einziehen. Obwohl die SS großen Einfluss auf den Bau der Siedlung hatte, blieb sie nur Mieterin, da sie offenbar die Kosten und Verpflichtungen scheute, die mit einem Eigentumserwerb an Grundstück und Gebäuden verbunden waren. Eigentümerin des Geländes wurde stattdessen – wohl auch infolge einer Intervention des Obersten SS-Führers Heinrich Himmler – die RfA, die mit der Gagfah einen Erbbauvertrag schloss.[2] Durch diese Konstruktion und indem ihre eigenen Architekten die Planung übernahmen, behielt die Gagfah sowohl ein Mitspracherecht bei der Gestaltung der Siedlungshäuser, die sich an dem nach 1933 propagierten Heimatschutzstil orientierte, als auch bei deren Belegung. So war unter den Bewohnern auch ein geringer Anteil von Mietparteien, die nicht der SS oder der Polizei angehörten.[3]

Die neuen Wohnungen in der SS-Kameradschaftssiedlung stießen nach ihrer Fertigstellung auf große Nachfrage. Im Jahr 1939 wohnten hier 485 SS- und 60 Polizeiangehörige sowie 40 Angehörige anderer NS-Organisationen und deren Familien.[4] Es sollen viele Kinder in der Siedlung gelebt haben.[5] Zu den SS-Männern mit höheren Dienstgraden gehörten Erwin Lekebusch, Herbert Aust und Joachim Caesar.[6] Außerdem wohnten

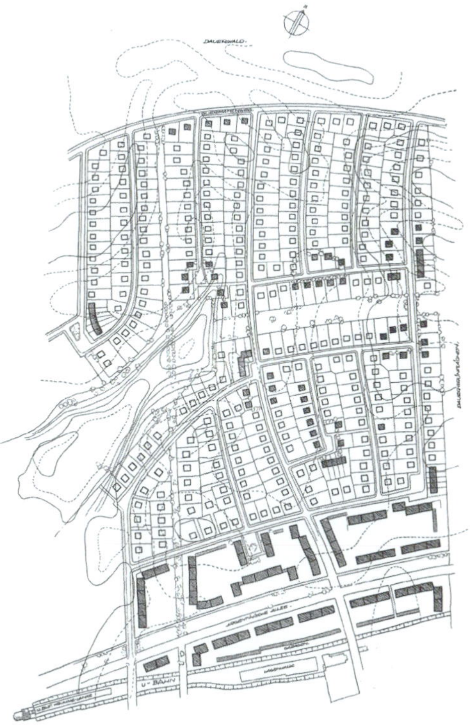

Abb. 3 Ursprüngliches Bebauungskonzept der von der Gagfah geplanten Siedlung mit Eigenheimen auf Einzelparzellen, 1936

Reproduktion aus: Hans Gerlach, Die Kameradschaftssiedlung der SS am Vierling in Berlin-Zehlendorf, in: Siedlung und Wirtschaft 9 (1937), S. 700

dort Martin Fälschlein, Wilhelm Burböck und Franz Eirenschmalz.[7] Lekebusch war als Leiter der Abteilung Heimstättenfragen im Rasse- und Siedlungshauptamt der SS maßgeblich an der Planung der Kameradschaftssiedlung beteiligt. Der ehemalige Drogist Aust war ebenfalls im Rasseamt tätig und später unter anderem Beauftragter für die „Aktion Lebensborn" in den Niederlanden. Aust war dort auch an der Zwangssterilisation sogenannter jüdischer „Mischlinge" beteiligt. Der Agrarwissenschaftler und Landwirt Joachim Caesar war Referent für landwirtschaftliche Sonderaufgaben im Wirtschaftsverwaltungshauptamt der SS und später Leiter der landwirtschaftlichen Betriebe des Konzentrations- und Vernichtungslagers Auschwitz. Dort gehörte Caesar zu den ranghöchsten SS-Führern. Martin Fälschlein war von 1937 bis 1940 Adjutant von Werner Best, der die Gestapo ausbaute und 1939 als Stellvertreter von Reinhard Heydrich die Einsatzgruppen im besetzten Polen leitete. Fälschlein wechselte 1941 in den persönlichen Stab des Reichsführers-SS Heinrich Himmler, wo er bis Kriegsende tätig war. Der ehemalige Postbeamte Wilhelm Burböck war 1941/42 im SS-Wirtschaftsverwaltungshauptamt für den Einsatz von KZ-Häftlingen auch in Privatbetrieben zuständig. Der Architekt und spätere Leiter des Amtes C VI im SS-Wirtschaftsverwaltungshauptamt Franz Eirenschmalz war vermutlich Bauleiter bei der Errichtung der NS-Euthanasietötungsanstalt Brandenburg sowie am Bau von Konzentrationslagern beteiligt.

Die Belegung des Großteils der Häuser und Wohnungen erfolgte hierarchisch: Freistehende Einfamilienhäuser waren höheren Rängen vorbehalten, Doppel- und Reihenhäuser sowie die mehrstöckigen Wohnhäuser wurden an Inhaber niedrigerer Positionen vergeben.[8] Die Historikerin Karin Grimme sieht in dieser Vergabepraxis ein spezifisch nationalsozialistisches Gestaltungselement der SS-Siedlung: „Während die früheren Siedlungsbeispiele sich vor allem auf die Vorstellung als typisch ‚deutsch' zu bezeichnender Merkmale wie Idylle, Gemütlichkeit und auch Dorfgemeinschaft beziehen, ist in der SS-Siedlung das Abbild der als charakteristisch für den Nationalsozialismus angesehenen Kennzeichen gegeben: die Darstellung der Hierarchie und ihre Repräsentation." [9]

Straßen als bauliche und politische Gestaltungselemente

Die Hierarchisierung sollte auch in der Straßenführung zum Ausdruck kommen. Die Haupterschließungsstraße von der Argentinischen Allee zog sich als Mittelachse leicht geschwungen durch die gesamte Siedlung. Von ihr zweigen mehrere Querwege nach links und rechts ab, die wiederum durch weitere kleinere Längsachsen miteinander

Abb. 4 Modell der SS-Kameradschaftssiedlung nach den Plänen von Hans Gerlach, 1937
Foto: © Gagfah

verbunden sind. Im Zugangsbereich der Argentinischen Allee befand sich ein großer Platz, der sogenannte Führerplatz. Die Längsachsen führten zu einem weiteren Platz, auf dem der Bau eines großen SS-Gemeinschaftshauses geplant war. Dieses wurde jedoch aus Kostengründen ebenso wenig realisiert wie das angedachte Kasino und der Kinderhort.[10]

Auch die Straßen sollten sich planerisch dem hügeligen Gelände anpassen und den Autoverkehr stark einschränken. Sie wurden nicht, wie der Architekt der Siedlung Hans Gerlach schrieb, „wie sonst so häufig, bald kanalartig eingeschnitten, bald dammartig herausgehoben, so daß die Häuser hier auf hoher Böschung thronen und dort im Grunde liegen, nur mit schmaler Erdbrücke mit der Straße verbunden. Sie vergewaltigen das Land nicht, sondern fügen sich willig seiner Gestaltung. Die Straßenbreiten sind so gewählt, daß nur zwei Straßen Doppelverkehr aufnehmen, alle andere sind Einbahnstraßen; die Reihenhäuser sind sogar meist nur durch Fußwege erreichbar."[11]

Die Straßen waren nicht nur Teil der baulichen Inszenierung der Siedlung. Ihre Namen waren offenbar in hohem Maße symbolische Projektionsflächen, die der Siedlung ihre eigentliche Identität als SS-Kameradschaftssiedlung geben und das besondere Profil als Siedlung einer SS-Elite unterstreichen sollten. Die Architektur der Gebäude allein hätte dies nicht sichtbar gemacht, so die Historikerin Susanne Willen.[12] Der Architekt und Bauforscher Dittmar Machule sieht in der Straßenbenennung eine Form der „Vereinnahmung der Gagfah-Siedlung als SS-Idylle".[13] Dies zeigt auch der Aufwand, der bei der Namensfindung betrieben wurde.

Das Preisausschreiben

Die Namensfindung gestaltete die SS partizipativ, allerdings teilweise nur vordergründig. So rief die SS-Wochenzeitung „Das Schwarze Korps" im August 1938 seine Leserschaft dazu auf, Namensvorschläge für die betreffenden Zehlendorfer Straßen einzureichen: „Setzt eurem gesunden Humor in der SS-Kameradschaftssiedlung in Berlin-Zehlendorf ein Denkmal!", hieß es am Schluss des Aufrufs – angeblich mit großer Resonanz. Den Angaben der SS zufolge sollen über 1.800 Namensvorschläge eingegangen sein, eine Zahl, mit der man wohl ausdrücken wollte, die Siedlung sei eine Angelegenheit der gesamten SS gewesen.[14] Möglicherweise hing die große Beteiligung auch mit dem ausgelobten Preisgeld für umgesetzte Vorschläge oder aber mit der begehrten Wohnlage der Siedlung zusammen.

Besonders lustig fanden die Einsenderinnen und Einsender offenbar den Namen Dienstweg, der angeblich 27 Mal genannt wurde. Es folgten Treuepfad (14 Nennungen), Staffelweg (13), Brautpfad (4) und Führerplatz. Die Sigstraße erhielt den Namen in Anlehnung an die Bezeichnung der SS-Runen. Weitere Vorschläge waren Himmelsteig (4) – Synonym für den (langen) Karriereweg in der SS – , Am Vierling, Ahnenzeile und Kinderland.[15] Mit der letzten Bezeichnung verband die Einsenderin, nach

Abb. 5 SS-Kameradschaftssiedlung mit Blick auf eine Reihenhauszeile (links) und ein Einzelhaus (rechts), um 1940
Foto: © Gagfah

eigenen Angaben eine Mutter von vier Kindern, die Hoffnung, dass die in der SS-Siedlung wohnenden Männer, „die rassisch eine Auslese des Deutschen Volkes darstellen, ihr hochwertiges Erbgut an eine recht große Zahl von erbgesunden Nachkommen weitergeben".[16] Bei diesen Straßennamen stand die SS selbst im Vordergrund, die alle Lebensbereiche ihrer Mitglieder durchdrang. Darüber hinaus wurde die Siedlung offenbar auch als Ort einer rassistischen Elitenreproduktion angesehen.

Mit der Plaichingerstraße, der Holzweberstraße und der Planettastraße wurden ein deutscher und zwei österreichische Nationalsozialisten hervorgehoben, „die für Großdeutschland gekämpft" hätten:[17] Julius Plaichinger hatte unter anderem den „Sicherheitsdienst (SD)" der SS mitaufgebaut. Otto Planetta und Franz Holzweber hatten während eines nationalsozialistischen Putschversuchs 1934 ein tödliches Attentat auf den österreichischen Bundeskanzler Engelbert Dollfuß verübt. Dollfuß stand dem italienischen Faschismus nahe, lehnte den deutschen Nationalsozialismus hingegen ab und regierte Österreich diktatorisch. Ein Militärgericht verurteilte die Attentäter zum Tode. Beide wurden noch 1934 in Wien gehängt. Die Nationalsozialisten stilisierten sie zu Helden.

Die König-Heinrich-Straße war Heinrich I., Herzog von Sachsen und König des Ostfränkischen Reichs, dem späteren ersten deutschen Reich, gewidmet. Die SS verband mit dieser Benennung aber offenbar auch eine Anspielung auf den SS-Führer Heinrich Himmler. Auch Himmler selbst war an der Namensgebung in Zehlendorf beteiligt, allerdings nicht im Rahmen des Wettbewerbs. Vier Straßennamen hatte der SS-Führer bereits vor dem Preisausschreiben festgelegt: den Niedersachsenweg, die Mütterstraße und den Fadingerweg, der nach dem oberösterreichischen Bauernführer Stephan Fadinger benannt wurde. Fadinger hatte im 17. Jahrhundert einen landesweiten Aufstand gegen katholische bayerische Besatzer geplant. Die größte Straße der Siedlung, die Mittelachse, erhielt auf Wunsch Himmlers den Namen Julius-Schreck-Straße, nach einem Fahrer und Leibwächter Hitlers, der bereits 1923 den „Stoßtrupp Adolf Hitler" als Vorläufer der SS aufbaute. Schreck wird auch als „Vater der SS" bezeichnet. Mit den benannten Nationalsozialisten ehrte die SS Personen, deren zweifelhaftes Verdienst es war, an Gewalttaten oder am Aufbau der Terrororganisation SS zur Errichtung der nationalsozialistischen Diktatur beteiligt gewesen zu sein.

Straßenschilder aus Holz

Die Veröffentlichungen im „Schwarzen Korps" zum Wettbewerb der Straßenbenennung in der SS-Siedlung Zehlendorf wurden mit Fotos und Zeichnungen der Siedlungshäuser illustriert. Außerdem wurden Abbildungen von Beispielen hölzerner Straßenschilder gezeigt. Sie waren als Richtungsweiser gestaltet, die neben den eingeschnitzten Straßennamen auch figürliche Darstellungen enthielten, die am oberen Rand des Straßennamens angebracht waren. Ein stilistisch ähnliches Schild befand sich an einer Straße im Kommandanturbereich des Konzentrationslagers Buchenwald. Auf Befehl der SS hatte dort ein KZ-Häftling das Schild mit der Aufschrift „Caracho-Weg" schnitzen müssen. Die figürliche Darstellung zeigte laufende KZ-Häftlinge.[18]

Die SS im Berliner Südwesten

Die SS-Kameradschaftssiedlung verdeutlicht, wie sichtbar SS-Angehörige in Berlin und im Berliner Südwesten waren. Dort waren in der zweiten Hälfe der 1930er Jahre auch andere Siedlungspläne der SS entwickelt worden. Den Anfang hatte die in der früheren Kadettenanstalt einquartierte „Leibstandarte SS Adolf Hitler" in Lichterfelde gemacht. Am Ortlerweg wurde 1936/37 eine Wohnsiedlung für SS-Führer und Zivilbeschäftigte der Leibstandarte mit über 200 Wohneinheiten überwiegend in Mehrfamilienhäusern mit ausgebauten Dachgeschossen errichtet.[19] Auch bei dieser SS-Siedlung war die Gagfah Bauherrin, und offenbar wurde hier erstmals das dann auch für die Kameradschaftssiedlung genutzte Finanzierungsmodell angewandt. Im Vergleich war die Kameradschaftssiedlung in Zehlendorf ungleich größer und großzügiger.

Die SS war aber nicht nur mit mehr oder weniger idyllischen Wohnsiedlungen präsent. Neben der erwähnten Leibstandarte befand sich in Lichterfelde im Block Unter den Eichen 126–135, Schloßstraße 60–62a und Geranienstraße das SS-Wirtschaftsverwaltungshauptamt. Die Waffen-SS richtete im Stubenrauchkrankenhaus ein Lazarett ein. Zu den Einrichtungen im Südwesten zählten auch einige Dienststellen am Wannsee sowie die 1941 zum Gästehaus der SS umfunktionierte Villa Minoux, die nicht nur für die berüchtigte Wannseekonferenz genutzt wurde.

Schon 1940 errichtete die SS in Lichterfelde ein Außenlager des KZ-Sachsenhausen. Die dorthin transportierten Häftlinge mussten in erster Linie für Zwecke der SS arbeiten. Die KZ-Häftlinge wurden in Arbeitskommandos im gesamten Stadtgebiet eingesetzt, von Magazinen auf der Insel Eiswerder, im Wedding oder Lichtenberg bis zu SS-Dienststellen in Charlottenburg, Wilmersdorf, Schmargendorf oder Zehlendorf. Die KZ-Häftlinge bauten auch Bunker in Villen von hohen SS-Funktionären, etwa auf Schwanenwerder, sowie für den Naturwissenschaftler Manfred von Ardenne in Lichterfelde. Im Fichtenberg am Botanischen Garten errichteten KZ-Häftlinge einen Bunkerstollen für Angestellte des SS-Wirtschaftsverwaltungshauptamtes.[20] Dienststellen der SS befanden sich aber nicht nur in Zehlendorf, Grunewald oder Lichterfelde, sondern auch in anderen Berliner Ortsteilen wie Charlottenburg, Kreuzberg, Dahlem, Wedding, Mitte, Lichtenberg, Pankow, Reinickendorf oder Wilmersdorf.

Das Kriegsende im „SS-Idyll"

Die Befreiung Berlins, die zuerst durch die Rote Armee erfolgte, erlebten viele Berlinerinnen und Berliner als völligen Zusammenbruch des bisherigen Ordnungssystems oder als Katastrophe. Für Frauen kam die Angst hinzu, Opfer von Vergewaltigungen zu werden. Niemals zuvor nahmen sich in Berlin so viele Menschen das Leben wie bei Kriegsende. Ihre Motive waren unterschiedlich.[21] Überzeugte Nationalsozialisten wie der Zehlendorfer Bürgermeister Helfenstein, der ein antisemitisches Straßenviertel an der Lindenthaler Allee initiiert hatte, entzogen sich der Verantwortung: Er ließ sich in einem Bunker erschießen.[22] Auch in der SS-Kameradschaftssiedlung lebende Ehefrauen von SS-Angehörigen sollen ihre Kinder und sich selbst erschossen oder ertränkt haben.[23] Der Großteil der noch verbliebenen Bewohnerinnen und Bewohner verließ die Siedlung.[24] Unklar ist, ob später noch Angehörige von SS-Männern in der „Waldsiedlung Krumme Lanke" gelebt haben.[25] Nach Kriegsende quartierten die alliierten Militärbehörden zunächst ehemalige NS-Verfolgte und Flüchtlinge in die Siedlung ein. Unter ihnen war auch die Berliner Jüdin Dora Dick (1911–2012), die die Verfolgung im englischen Exil überlebte und nach ihrer Rückkehr 1946 in der Siedlung wohnte.[26]

Die Straßen in der Siedlung wiesen Kriegsschäden auf, die 1949 behoben werden sollten.[27] Im selben Jahr wurden auch die SS-Straßenbenennungen durch neue Namen getilgt, bis auf die Straßennamen Im Kinderland, Am Vierling und Himmelsteig.[28] 1992 wurden alle Straßen und Wege, wie auch alle anderen Gebäude und Grünflächen auf dem Gelände, unter Denkmalschutz gestellt. Unverständlich bleibt, warum die Benennungen Im Kinderland und Himmelsteig bis heute verwendet werden, sind sie doch keineswegs harmlose Bezeichnungen, sondern letzte krude Zeugnisse der SS-Kameradschaftssiedlung und der rassistischen Ideologie, des Eliteverständnisses und der Bevölkerungspolitik der SS.

Abb. 6 Aktuelles Straßenschild in der heutigen Waldsiedlung Krumme Lanke
Foto: Ludger Paffrath, 2024

Anmerkungen

1 Als vormaliger Führer der Berliner SA hatte Helldorff unter anderem 1931 den „Kurfürstendamm-Krawall" mitorganisiert, bei dem circa 1.000 SA-Männer auf dem Berliner Prachtboulevard Juden und jüdische Geschäfte angriffen. Vgl. Thomas Irmer, „Die Juden müssen aus Berlin heraus. Die Polizei wird (...) dabei helfen". Die Berliner Polizei in der Shoah 1933–1945. In: Christoph Kopke/Samuel Salzborn (Hg.), Antisemitismus und Polizei: Das Beispiel Berlin, Frankfurt am Main 2023, S. 32–46, 35–36.

2 Susanne Willen, Waldsiedlung Krumme Lanke, hg. von der Gagfah Group in Zusammenarbeit mit dem Landesdenkmalamt Berlin und der Unteren Denkmalschutzbehörde Steglitz-Zehlendorf, Berlin 2006, S. 15. Für diese und andere Quellenhinweise danke ich dem Fachbereich Kultur Steglitz-Zehlendorf.

3 Ebd.

4 Karin Grimme, Nationalsozialistische Siedlungen in Berlin. In: Berlin in Geschichte und Gegenwart. Jahrbuch des Landesarchivs Berlin 1991, Berlin 1991, S. 147–173, 165.

5 Dittmar Machule, Die Kameradschaftssiedlung der SS in Berlin-Zehlendorf – eine idyllische Waldsiedlung? In: Hartmut Frank (Hg.), Faschistische Architekturen. Planen und Bauen in Europa 1930 bis 1945, Hamburg 1985, S. 251–270, 265.

6 Paul Jandl, „Im Berliner Kiefernwald erholten sich die Schergen der SS. Heute ist die Wohnsiedlung ein städtisches Idyll". In: Neue Zürcher Zeitung v. 6.3.2024, https://www.nzz.ch/feuilleton/die-ss-siedlung-in-berlin-zehlendorf-ist-heute-ein-wohn-idyll-im-kiefernwald-ld.1819718 (abgerufen 20.8.2024).

7 Vgl. Berliner Adressbuch 1941. Einwohner, https://digital.zlb.de/viewer/image/34115495_1941/ (abgerufen 20.8.2024).

8 Machule 1985, S. 259.

9 Grimme 1991, S. 168.

10 Machule 1985, S. 256.

11 Hans Gerlach, Die Kameradschaftssiedlung der SS am Vierling in Berlin-Zehlendorf. In: Siedlung und Wirtschaft. Zeitschrift für das gesamte Siedlungs- und Wohnungswesen Nr. 9 (1937), S. 699–711, 706–707.

12 Willen 2006, S. 16.

13 Machule 1985, S. 263.

14 Vgl. o. A., „Köpfchen-Köpfchen". In: Das Schwarze Korps Nr. 34, 23.8.1938, S. 3.

15 Vgl. o. A., „Unser Preisausschreiben". In: Das Schwarze Korps Nr. 51, 22.12.1938, S. 4.

16 Ebd.

17 Ebd.

18 Vgl. Eintrag „Carachoweg", https://www.buchenwald.de/geschichte/historischer-ort/konzentrationslager/carachoweg (abgerufen 20.8.2024).

19 Armin A. Woy, Die Siedlung der „Leibstandarte SS Adolf Hitler" in Lichterfelde. In: Bezirksamt Steglitz (Hg.), Steglitz im Dritten Reich. Beiträge zur Geschichte des Nationalsozialismus in Steglitz, Berlin 1992, S. 105–113.

20 Thomas Irmer/Klaus Leutner, Berlin-Lichterfelde. In: The United States Holocaust Memorial Museum. Encyclopedia of Camps and Ghettos, 1933–1945, hg. von Geoffrey P. Megargee, Bloomington / Indianapolis 2009, S. 1274–1276; Klaus Leutner, Das KZ-Außenlager in Berlin Lichterfelde. Erkundungen an einem vergessenen Ort, Berlin 2020.

21 Vgl. Christian Goeschel, Selbstmord im Dritten Reich, Frankfurt am Main 2011.

22 Thomas Irmer, Das „erste antisemitische Denkmal Deutschlands" – zur Errichtung eines Denkmals für Theodor Fritsch im kommunalen öffentlichen Raum in Berlin 1935–1943. In: Gideon Botsch/Christoph Kopke/Lars Rensmann/Julius H. Schoeps (Hg.), Politik des Hasses. Antisemitismus und radikale Rechte in Europa, Hildesheim/Zürich/New York 2010, S. 153–170.

23 Machule 1985, S. 251–270, 265.

24 Willen 2006, S. 17.

25 Matthias Holst, Wohnungsbau und Wohnungsbaupolitik im Nationalsozialismus 1933–1945, Seminararbeit an der TU Berlin, WS 1999/2000, S. 13.

26 Rainer Bratfisch, „GAGFAH-Siedlung Krumme Lanke. Fristlose Kündigung für eine 94-Jährige". In: Berliner Mieterverein v. 28.3.2005, https://www.berliner-mieterverein.de/magazin/online/mm0305/030507b.htm. (abgerufen 20.8.2024); zur Biografie von Dora Dick vgl. Antonín Dick, Gerettet!, Berlin 2017, https://www.labournet.de/wp-content/uploads/2017/10/gerettet_dick.pdf (abgerufen 3.9.2024).

27 Schreiben Gagfah Bauleitung West an Amt für Straßenbaupolizei des Bezirksamts Zehlendorf v. 9.8.1949, Betrifft: Berlin 57, Zehlendorf, Krumme Lanke, – Kriegsschäden an den Privatstraßen –, Straßenbauakte „Am Vierling", Bd. 1, Straßen und Grünflächenamt Steglitz-Zehlendorf.

28 Vermerk des Bezirksamt Zehlendorf v. 3.9.1949, ebd.

"Während des so genannten Boxeraufstandes
beschoss am 17.06.1900 das deutsch-kaiserliche Kanonenboot Iltis
unter Führung des Kapitäns Wilhelm von Lans
den befestigten Vorhafen Taku der chinesischen Stadt Tientsin"
Lansstraße
Iltisstraße
2 - 4

Identität auf dem Reißbrett

Dahlemer Straßennamen zwischen Politik und Wissenschaft

Tom Werner

In diesem Beitrag sollen in einer Art Werkstattbericht einige Erkenntnisse zur Benennung und Umbenennung von Straßen im Steglitz-Zehlendorfer Ortsteil Dahlem wiedergegeben werden.[1] Die Geschichte von Dahlem, das heute durch die Freie Universität Berlin und andere Wissenschaftseinrichtungen ebenso geprägt wird wie durch eindrucksvolle Villen des 20. Jahrhunderts, ist in vielerlei Hinsicht ein Sonderfall im Bezirk. So auch im Bereich der Straßenbenennung, die eng an die Entstehung und Entwicklung des Ortsteiles ab 1900 geknüpft war. Heute gibt es in Dahlem etwa 150 öffentliche Straßen und Plätze, deren Namen auf geografische Bezugspunkte, Tiere und Pflanzen, Herrscher und Generäle, Politiker und andere Personen des öffentlichen Lebens zurückgehen. 21 dieser öffentlichen Straßen und Plätze sind nach Wissenschaftlern benannt.[2]

Die Besonderheit Dahlems liegt in erster Linie in der vergleichsweise späten baulichen Erschließung des über Jahrhunderte landwirtschaftlich geprägten Gebietes, das 1841 an den Preußischen Domänenfiskus verkauft und seitdem als Krondomäne Dahlem bezeichnet wurde. Der landwirtschaftliche Betrieb wurde ab diesem Zeitpunkt durch Pächter weitergeführt. Für die Organisation, Besteuerung und Entwicklung des Gebietes war jedoch der Preußische Staat direkt zuständig. Ende des 19. Jahrhunderts beschloss dieser, die Landwirtschaftsflächen in Baugebiet umzuwandeln und – unter anderem dem Beispiel Carstenns in Lichterfelde folgend – als Villenkolonie zu erschließen. Wenige Monate vor Auslaufen des Pachtvertrages am 20. Juni 1901 trat am 25. März 1901 das „Gesetz zur Aufteilung des Domänengeländes" in Kraft. Für die Aufteilung und den Verkauf der Parzellen wurde eine fünfköpfige Königliche Kommission zur Aufteilung der Domäne Dahlem eingerichtet, deren Mitglieder durch das Finanzministerium und das Ministerium für Landwirtschaft, Domänen und Forsten ernannt wurden.[3] Den Vorsitz der Kommission hatte von 1901 bis 1910 der Ministerialdirektor im preußischen Landwirtschaftsministerium Hugo Thiel (1839–1918) inne. Weitere zentrale Akteure innerhalb der Kommission waren ab 1910 der Theologe Adolf von Harnack (1851–1930) und der Architekt Ernst Eberhard von Ihne (1848–1917).

Aufgrund ihrer zentralen Rolle in der folgenden Entwicklung Dahlems war die Königliche Kommission zur Aufteilung der Domäne Dahlem der Ausgangspunkt für diese Untersuchung. Die Erwartung war, dass in den Archiven in einem mehr oder weniger geschlossenen Bestand zur Kommission auch die Straßennamen eine Rolle spielen und die Motive der Benennung genauer nachzuvollziehen sein würden. Da Guts- und Domänenland nicht kommunaler Planungszuständigkeit unterlag, war die Kommission allein zuständig für alles, was in Dahlem geplant und umgesetzt wurde, so auch für die Umsetzung der Straßenplanung, die in den sogenannten Aufteilungsplänen festgehalten wurde.[4]

Wie andernorts auch wurde in Dahlem ein zuerst grobes, später dann feineres Wege- beziehungsweise Straßennetz angelegt. Dies diente der Erschließung der Fläche, um einzelne Parzellen für den Verkauf ausweisen zu können. Die Straßen wurden zunächst mit Nummern versehen und erst später – manchmal deutlich später – benannt. Diese Benennung erfolgte nicht nach einem Masterplan, sondern im Einzelfall oder auch mal für einige Straßen gleichzeitig. Die gewählten Namen spiegelten manchmal lokale Gegebenheiten geografischer oder lokalhistorischer Art wider, wie es bei Falkenried oder Am Anger der Fall ist. Viele

Abb. 1 Aufteilungsplan der Königlichen Domäne Dahlem, ca. 1912
Geheimes Staatsarchiv PK, XI. HA, AKS, A, Nr. 50668

der vergebenen Straßennamen haben aber eher allgemeinhistorische Bezüge und erinnern an Personen und Ereignisse, die in der Geschichte Preußens oder des noch vergleichsweise jungen Deutschen Reiches eine identitätsstiftende Rolle spielten. Beispiele hierfür sind die Goebenstraße, der Kaiser-Wilhelm-Platz und die Ladenbergstraße. Aber auch ein Straßendreieck, über dessen Namen bis heute kontrovers diskutiert wird, gehört in diesen Kontext: Im Umfeld des für einen Neubau des Museums für Völkerkunde reservierten Gebietes wurden 1906 drei Straßen mit direktem Bezug zum deutschen Kolonialkrieg in China benannt. Die Lans-, Taku- und Iltisstraße erinnern an die Beschießung der chinesischen Küstenfestung Taku (Dagu-Forts) durch das deutsche Kriegsschiff *Iltis* unter Kapitän Wilhelm Lans (1861–1947), die am Beginn des sogenannten „Boxerkrieges" 1900/1901 stand. Seit den 1970er Jahren fordern Vertreter*innen der Staatlichen Museen und der Freien Universität Berlin, unterstützt von politischen und zivilgesellschaftlichen Initiativen, eine Umbenennung der Straßen.

Anders als vermutet, geben die erhaltenen und für diese Studie konsultierten Akten der Königlichen Kommission zur Aufteilung der Domäne Dahlem allerdings keinen Aufschluss über Namensfindungsprozesse oder konkrete Motive für die Benennungen. Die neuen Straßennamen wurden – nach polizeilicher Genehmigung – per schlichter Beschlussmitteilung öffentlich gemacht. Die Hintergründe der Namensauswahl wurden nicht ausgeführt und in den meisten Fällen vermutlich als nachvollziehbare Ehrung vorausgesetzt. Interessant ist, dass die Kommission augenscheinlich bestrebt war, sich selbst ein Denkmal zu setzen: Sowohl die 1911 benannte Thielallee als auch die 1928 benannte Harnackstraße erhielten ihre Namen noch zu Lebzeiten ihrer Namensgeber – was schon damals sehr ungewöhnlich war.

Dass es dennoch auch in Dahlem durchaus Diskussionen um die Wahl der Straßennamen und die Frage der damit zusammenhängenden Ehrung gab, zeigt ein Aktenbestand im Archiv der Max-Planck-Gesellschaft, der auch die Geschichte ihrer Vorgängerorganisation, der Kaiser-Wilhelm-Gesellschaft zur Förderung der Wissenschaften, umfasst. Es handelt sich um ein Konvolut von knapp 40 Blättern aus den Jahren 1926 bis 1932, in dem es unter anderem um die Benennung der Harnackstraße geht.[5]

Die Idee, in Dahlem durch die Ansiedelung von Wissenschaftseinrichtungen ein „deutsches Oxford" zu errichten, ging maßgeblich auf den Ministerialdirektor im preußischen Ministerium für geistliche, Unterrichts- und Medizinalangelegenheiten Friedrich Althoff (1839–1908) zurück.[6] In diesem Zusammenhang wurde 1911 die außeruniversitäre Kaiser-Wilhelm-Gesellschaft zur Förderung der Wissenschaften gegründet. Zum ersten Präsidenten der Gesellschaft wurde Adolf Harnack (seit 1914 Adolf von Harnack) berufen, der seit 1910 auf kaiserlichen Wunsch auch Mitglied der Königlichen Kommission zur Aufteilung der Domäne Dahlem war.[7] Mit dem Bau der ersten beiden Institute der Kaiser-Wilhelm-Gesellschaft, dem Kaiser-Wilhelm-Institut für Physikalische Chemie und Elektrochemie sowie dem Kaiser-Wilhelm-Institut für Chemie, stellte sich die Frage, ob nicht einige der umlaufenden Straßen nach berühmten Forschern benannt werden könnten. Insbesondere der Direktor des zuerst genannten Instituts, Fritz Haber, bemühte sich augenscheinlich energisch darum.[8] Die Benennungen Hittorfstraße, Van't-Hoff-Straße, Faradayweg und Landoltweg, die in den Jahren 1912/13 erfolgten,[9] gehen auf Habers Initiative zurück. Dieser beschwerte sich Jahre später im Zusammenhang mit anderen Straßenbenennungen darüber, dass der Wissenschaft im Dahlemer Straßenbild zu wenig Raum gegeben werde: „Wir sind schon so sehr eingeschlossen von den Namen derer die eine Straße brauchen um fortzuexistieren, daß die wenigen großen Gelehrten die ich einzuschmuggeln vermocht habe, schier verschwinden. Faraday, Landolt, Boltzmann, van't Hoff, Hittorf erschöpfen die Liste."[10] Interessant ist, dass mit den von Haber „eingeschmuggelten" Namen außer im Fall von Johann Wilhelm Hittorf (1824–1914) ausländische Naturwissenschaftler geehrt wurden. Der Engländer Michael Faraday (1791–1867) gilt heute

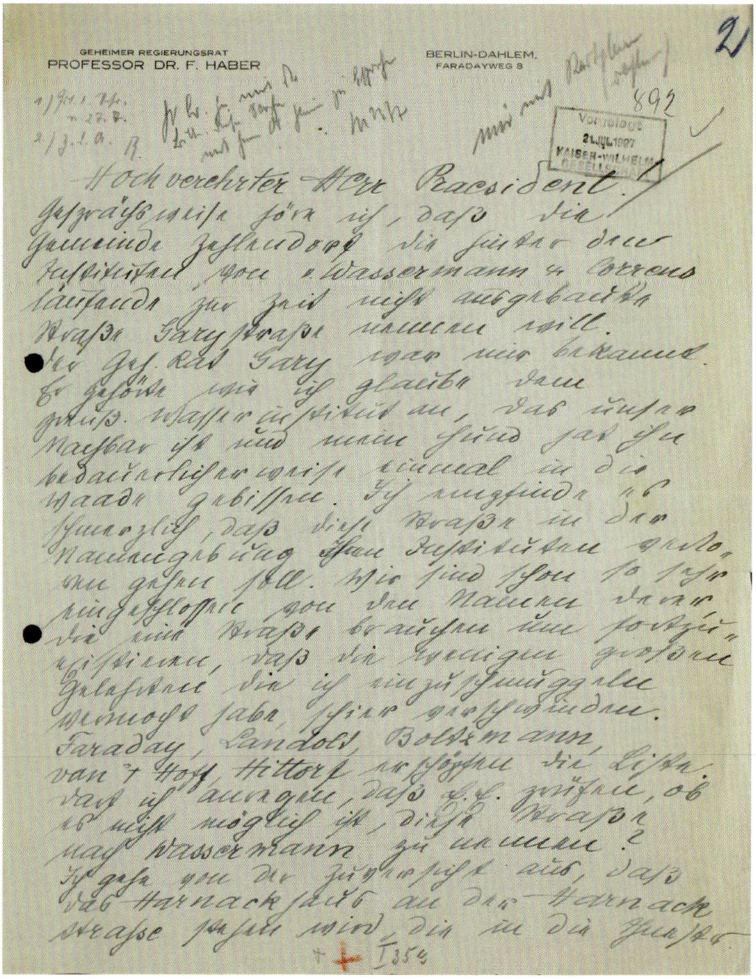
GEHEIMER REGIERUNGSRAT
PROFESSOR DR. F. HABER

BERLIN-DAHLEM,
FARADAYWEG 8

Vorgelegt 21.JUL.1927 KAISER-WILHELM-GESELLSCHAFT

Hochverehrter Herr Praesident!
Gesprächsweise höre ich, daß die Gemeinde Zehlendorf die hinter den Instituten von v. Wassermann u. Correns laufende zur Zeit nicht ausgebaute Straße Garystraße nennen will. Der Geh. Rat Gary war mir bekannt. Er gehörte wie ich glaube dem preuß. Wasserinstitut an, das unser Nachbar ist und mein Hund hat ihn bedauerlicherweise einmal in die Waade gebissen. Ich empfinde es schmerzlich, daß diese Straße in der Nachbarschaft ihrer Institute [illegible] gehen soll. Wir sind schon so sehr eingeschlossen von den Namen derer, die mit Straßen brauchen um fortzuexistieren, daß die wenigen großen Gelehrten die ich einzuschmuggeln vermocht habe, schier verschwinden. Faraday, Landolt, Boltzmann, van 't Hoff, Hittorf erschöpfen die Liste. Darf ich anregen, daß E.E. prüfen, ob es nicht möglich ist, diese Straße nach Wassermann zu nennen? Ich gehe von der Zuversicht aus, daß das Harnackhaus an der Harnackstrasse stehen wird, die in die Straße

Abb. 2 Schreiben von Fritz Haber an Adolf von Harnack, Juli 1927, Seite 1
Archiv der Max-Planck-Gesellschaft, I. Abteilung Repositur 1A Nummer 722, Blatt 2

als einer der wichtigsten Experimentalphysiker seiner Zeit. Der in Zürich geborene Hans Heinrich Landolt (1831–1910) machte sich als Chemiker international einen Namen. Jacobus Henricus van 't Hoff (1852–1911) wiederum kam aus den Niederlanden und erhielt im Jahr 1901 den ersten Nobelpreis für Chemie überhaupt. Die Wahl der Namen zeigt die Internationalität und Vernetzung der Wissenschaft in diesen Jahren vor dem Ausbruch des Ersten Weltkrieges, an die die Freie Universität Berlin und die Max-Planck-Gesellschaft nach 1945 wieder anzuknüpfen versuchten.

Anlass für das oben zitierte Schreiben von Fritz Haber waren Planungen bezüglich der Ausgestaltung zweier neuer Parzellen für die Kaiser-Wilhelm-Gesellschaft rund um das geplante Harnack-Haus und das neue Kaiser-Wilhelm-Institut für Anthropologie, menschliche Erblehre und Eugenik. Wie es schon bei Haber selbst der Fall gewesen zu sein scheint, durfte Eugen Fischer, der bereits berufene neue Direktor des KWI für Anthropologie, einen Vorschlag für die noch unbenannte Straße 3 an seinem neuen Wohnhaus machen. Fischer schlug in einem Brief an den Generaldirektor der Kaiser-Wilhelm-Gesellschaft Glum vom 4. Juli 1927 den Anthropologen Johann Friedrich Blumenbach (1752–1840) als Namensgeber vor, da dieser neben Rudolf Virchow, dem bereits eine Straße in Berlin gewid-

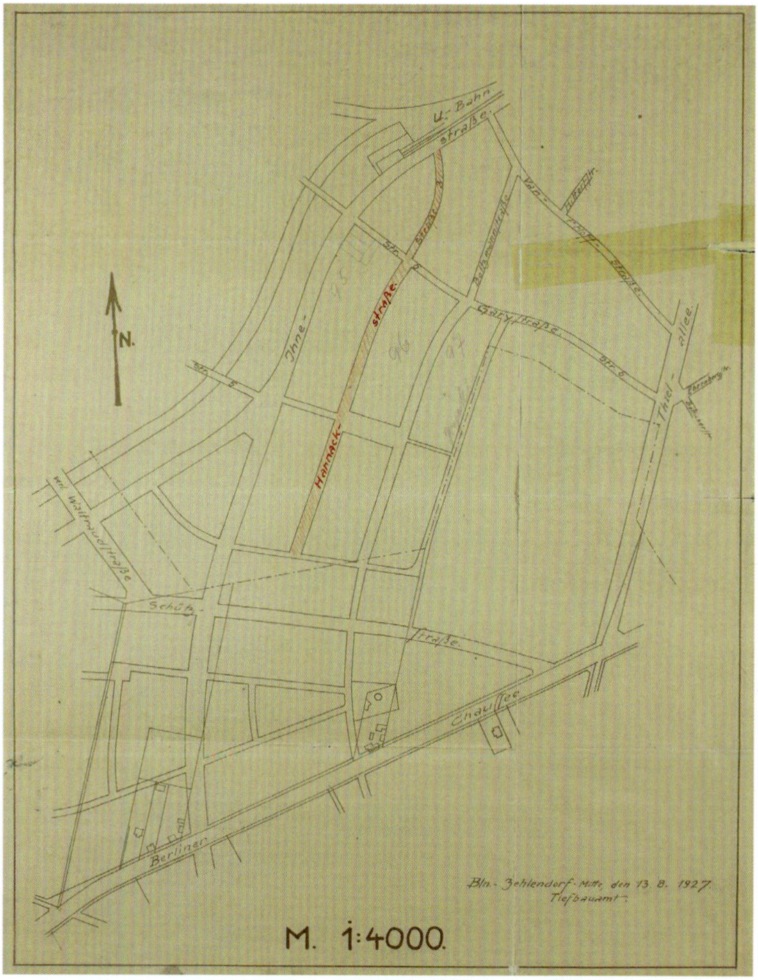

Abb. 3 Skizze des Zehlendorfer Tiefbauamtes vom 13. August 1927
Archiv der Max-Planck-Gesellschaft, I. Abteilung Repositur 1A Nummer 722, ohne Blattnummer

met war, der deutsche Begründer der Anthropologie gewesen sei („Die anderen Mitbegründer sind Ausländer"). Sollte für die Straße bereits der Name Harnackstraße vorgesehen sein, so Fischer weiter, wäre dies für ihn selbstverständlich auch in Ordnung.[11] Tatsächlich wandte sich der Präsident der Kaiser-Wilhelm-Gesellschaft Adolf von Harnack am 22. Juli 1927 an das Bezirksamt Zehlendorf und ergänzte eine Frage zur konkreten Ausgestaltung der neu zu bebauenden Grundstücke mit der Bitte: „Ferner wäre ich zu besonderem Danke verpflichtet, wenn das Bezirksamt sich damit einverstanden erklären würde, dass diese Straße die Bezeichnung ‚Harnack-Strasse' erhält."[12] Eine Kopie des Schreibens ging an die Geschäftsstelle der Kommission zur Aufteilung der Domäne Dahlem sowie an den Preußischen Minister für Wissenschaft, Kunst und Volksbildung.

Der auf diese Bitte folgende und in den Akten nachzulesende Schriftwechsel zeigt das zuweilen komplizierte Wechselspiel zwischen den beteiligten Akteuren, um Einigkeit bezüglich einer Straßenbenennung herzustellen. Auch wenn sich alle einig waren, dass die Verdienste Adolf von Harnacks um die deutsche Wissenschaft eine Ehrung rechtfertigen, wies das Bezirksamt im Namen des Magistrats darauf hin, dass nach den Gepflogenheiten die Benennung nach einer lebenden Person nicht vor-

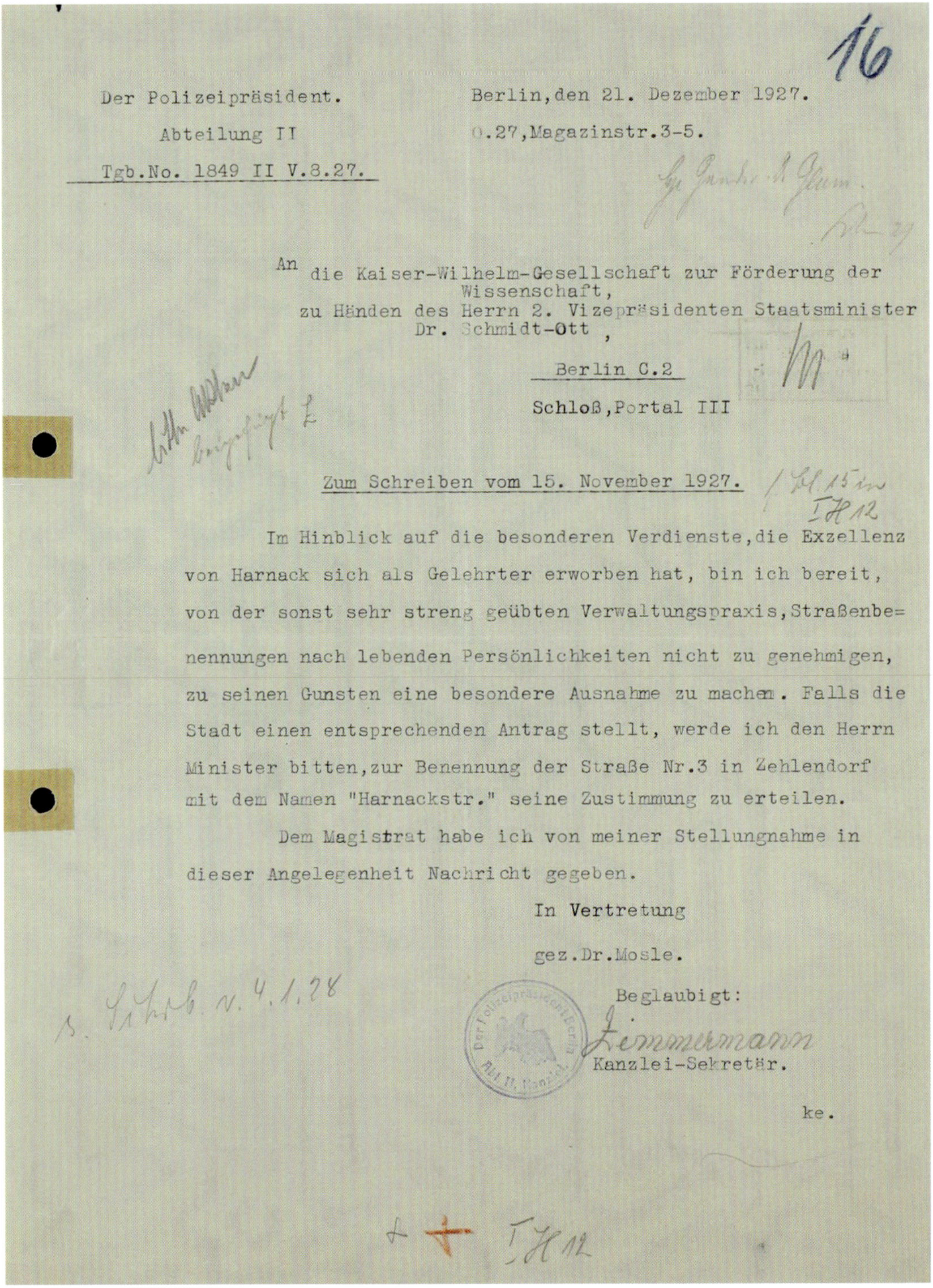

16

Der Polizeipräsident.
Abteilung II
Tgb.No. 1849 II V.8.27.

Berlin,den 21. Dezember 1927.
O.27,Magazinstr.3-5.

An die Kaiser-Wilhelm-Gesellschaft zur Förderung der Wissenschaft,
zu Händen des Herrn 2. Vizepräsidenten Staatsminister Dr. Schmidt-Ott,

Berlin C.2

Schloß,Portal III

Zum Schreiben vom 15. November 1927.

Im Hinblick auf die besonderen Verdienste,die Exzellenz von Harnack sich als Gelehrter erworben hat, bin ich bereit, von der sonst sehr streng geübten Verwaltungspraxis,Straßenbenennungen nach lebenden Persönlichkeiten nicht zu genehmigen, zu seinen Gunsten eine besondere Ausnahme zu machen. Falls die Stadt einen entsprechenden Antrag stellt, werde ich den Herrn Minister bitten,zur Benennung der Straße Nr.3 in Zehlendorf mit dem Namen "Harnackstr." seine Zustimmung zu erteilen.

Dem Magistrat habe ich von meiner Stellungnahme in dieser Angelegenheit Nachricht gegeben.

In Vertretung

gez.Dr.Mosle.

Beglaubigt:
Zimmermann
Kanzlei-Sekretär.

ke.

Abb. 4 Genehmigung des Polizeipräsidenten zur Benennung der Harnackstraße vom 21. Dezember 1927
Archiv der Max-Planck-Gesellschaft, I. Abteilung Repositur 1A Nummer 722, Blatt 16

gesehen sei und sich der Polizeipräsident mehrfach gegen eine solche ausgesprochen habe.[13] Daraufhin wandte sich der Vizepräsident der Kaiser-Wilhelm-Gesellschaft am 15. November 1927 direkt an den Polizeipräsidenten und bat um eine neue Bewertung. Mit Verweis auf die Verdienste Harnacks als Präsident der Kaiser-Wilhelm-Gesellschaft spricht er hier von „ganz außergewöhnlichen Gründen", die doch eine Benennung nach einer lebenden Person möglich machen müssten.[14] Einen Monat später, in einem Schreiben vom 21. Dezember 1927, gab der Polizeipräsident sein Einverständnis.[15] Vollzogen wurde die Benennung letztlich im August 1928, wie der „Berliner Börsenzeitung" vom 26. August zu entnehmen ist.[16]

Im Zusammenhang mit der zweiten im genannten Gebiet zu benennenden Straße, der Straße 6, zeigt sich auf andere Weise die Kreuzung von Interessen und die Einflussnahme, die Wissenschaftler der Kaiser-Wilhelm-Gesellschaft auf die Straßenbenennungen in Dahlem auszuüben versuchten. Das oben zitierte Lamento Fritz Habers, dass in Dahlem zu wenig Straßen nach großen Wissenschaftlern benannt seien, die schließlich den guten Ruf Dahlems in der Welt begründet hätten, entzündet sich an der ihm zu Ohren gekommenen Entscheidung, die Straße 6 nach dem ehemaligen Leiter des Materialprüfungsamtes Max Gary (1859–1923) zu benennen. In seinem Schreiben an Adolf von Harnack, welches diesem am 21. Juli 1927 vorgelegt wurde, spricht sich Haber dafür aus, die Straße lieber nach August von Wassermann (1866–1925) zu benennen und nicht noch mehr ehemalige Regierungsräte zu ehren. Harnack selbst scheint diesem Anliegen folgen zu können und wendet sich nur wenige Tage später, am 27. Juni 1927, mit folgendem Vorschlag an das Bezirksamt Zehlendorf: „Im Hinblick darauf, dass bisher nur eine geringe Anzahl von Strassen in Dahlem Namen von bedeutenden Gelehrten tragen, gerade aber die an Kaiser-Wilhelm-Instituten tätig gewesenen Forscher wie Emil Fischer, v. Wassermann u.a. den Weltruf der Dahlemer Institute, wie die Kaiser-Wilhelm-Institute im Auslande allgemein genannt werden, begründet haben, wäre ich dem Bezirksamt ausserordentlich dankbar, wenn es die bisher unbenannte Strasse Nr. 6 in Berlin-Dahlem nach dem ersten Direktor des Kaiser-Wilhelm-Instituts für Chemie, dem weltberühmten Chemiker Emil Fischer (1852–1919) benennen wollte. Sollte in Berlin bereits eine ‚Emil Fischer-Str' existieren, so gestatte ich mir, die Bezeichnung ‚Wassermann-Strasse' in Erinnerung an den erfolgreichen Bekämpfer der Syphilis Herrn Geh. Medizinalrat Professor Dr. v. Wassermann, den im Jahre 1925 verstorbenen Direktor des KWI für experimentelle Therapie, ergebenst in Vorschlag zu bringen."[17] Auch dieses Schreiben geht in Kopie an die Geschäftsstelle der Kommission zur Aufteilung der Domäne Dahlem und den Minister für Wissenschaft, Kunst und Volksbildung sowie in diesem Fall an Fritz Haber. Beide Namensvorschläge werden vom Bezirksamt jedoch mit Hinweis auf bereits existierende Straßen in Wannsee und Neukölln sowie die bereits vollzogene Benennung in Garystraße zurückgewiesen.[18]

Die Bemühungen von Fritz Haber und Adolf von Harnack, eine Straße nach August von Wassermann (1866–1925) benennen zu lassen, trugen etwas später Früchte. Im Jahr 1930 wurde ein bis dahin namenloser Platz in unmittelbarer Nähe des von Wassermann bis 1925 geleiteten KWI für experimentelle Therapie nach ihm benannt.[19] Doch nur wenige Jahre später verschwand der Name Wassermann wieder aus dem Dahlemer Straßenbild: Infolge des Runderlasses des NS-Reichsinnenministeriums zur Beseitigung sämtlicher jüdischer Straßennamen vom 27. Juli 1938 wurde der Wassermannplatz in Correnspiatz umbenannt, wovon in der Straßenakte des Correnspiatzes allein ein Kostenbeleg für neue Straßenschilder in Höhe von 212 Reichsmark zeugt.[20] In den Jahren 2019/2020 wurde in der Bezirksverordnetenversammlung Steglitz-Zehlendorf intensiv über eine Rückbenennung des Platzes diskutiert. Da der Botaniker Carl Correns (1864–1933) selbst nicht in der Kritik stand, wurde jedoch beschlossen, stattdessen auf dem Correnspiatz eine regionalhistorische Informationsstele zu errichten, die über die Umbenennung in der Zeit des Nationalsozialismus Auskunft gibt. Zudem wurde ein bis dahin namenloser kleiner Platz gegenüber

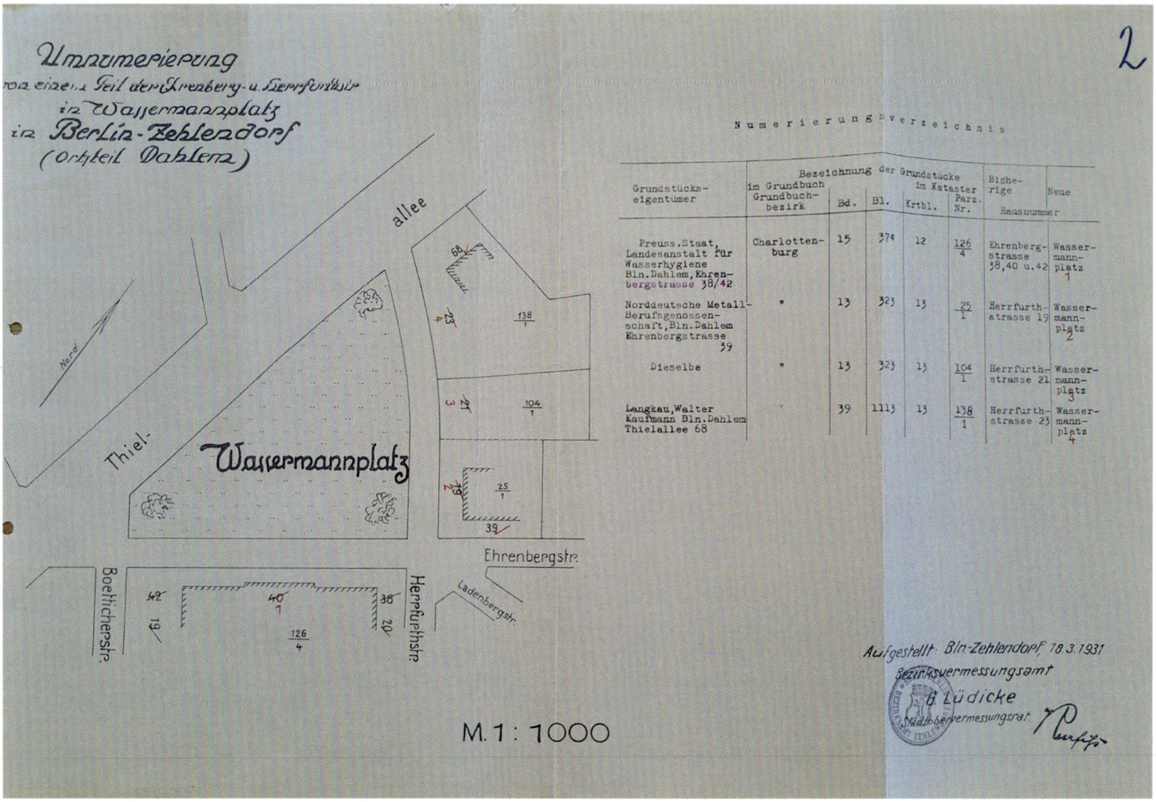

Numerierungsverzeichnis

Grundstückseigentümer	Bezeichnung der Grundstücke im Grundbuch: Grundbuchbezirk	Bd.	Bl.	im Kataster: Krtbl.	Parz. Nr.	Hausnummer: Bisherige	Hausnummer: Neue
Preuss. Staat, Landesanstalt für Wasserhygiene Bln. Dahlem, Ehrenbergstrasse 38/42	Charlottenburg	15	374	12	126/4	Ehrenbergstrasse 38,40 u. 42	Wassermannplatz 1
Norddeutsche Metall-Berufsgenossenschaft, Bln. Dahlem Ehrenbergstrasse 39	"	13	323	13	25/1	Herrfurthstrasse 19	Wassermannplatz 2
Dieselbe	"	13	323	13	104/1	Herrfurthstrasse 21	Wassermannplatz 3
Langkau, Walter Kaufmann Bln. Dahlem Thielallee 68	"	39	1113	13	138/1	Herrfurthstrasse 23	Wassermannplatz 4

Abb. 5 Skizze des neuen Wassermannplatzes mit Grundstücksnummerierungen, 1931
Straßenbauakte „Corrensplatz", Straßen- und Grünflächenamt Steglitz-Zehlendorf

vom Harnack-Haus in der Ihnestraße am 16. Juni 2022 nach August von Wassermann benannt.

Sieht man von diesem Beispiel und den fortwährenden Diskussionen um das Straßendreieck Lans-, Taku-, Iltisstraße ab, sind die Straßennamen im Ortsteil Dahlem nur verhältnismäßig selten Stoff für Diskussionen, wobei auch hier immer wieder neue Perspektiven auf die Erinnerungskultur neue Fragen aufwerfen. So tauchen im Dossier „Straßen- und Platznamen mit antisemitischen Bezügen in Berlin", das Felix Sassmannshausen 2021 im Auftrag des Antisemitismusbeauftragten des Landes Berlin verfasst hat, unter anderem die Harnackstraße und die Pacelliallee auf, mit dem Hinweis, dass eine Kontextualisierung der Namensgeber wünschenswert wäre.[21]

Anmerkungen

1 Dieser Text ist im Rahmen beschränkter Recherchemöglichkeiten entstanden und kann so nur die Basis sein für weitergehende Arbeiten, die insbesondere die Archive flächendeckender und tiefgreifender nutzen.

2 Nicht eine davon trägt den Namen einer Wissenschaftlerin.

3 Zur Schaffung der Kommission siehe: Geheimes Staatsarchiv Preußischer Kulturbesitz, HA I, Rep. 138, Nr. 3664.

4 Rolf Derenbach, Dahlem. Berliner Domäne der Villen, der Bildung und der Wissenschaft, Berlin 2013, S. 14.

5 Dieser Bestand findet sich im Archiv der Max-Planck-Gesellschaft unter folgender Signatur: I. Abteilung Repositur 1A Nummer 722.

6 Eckart Hennig, Marion Kazemi, Dahlem – Domäne der Wissenschaft. Ein Spaziergang zu den Berliner Instituten der Kaiser-Wilhelm-/ Max-Planck-Gesellschaft im „deutschen Oxford", 4. Auflage, Berlin 2009, S. 14.

7 Geheimes Staatsarchiv Preußischer Kulturbesitz, HA I, Rep. 90A, Nr. 452a, Bl. 67.

8 Margit Szöllösi-Janze, Fritz Haber 1868–1934. Eine Biographie, 2. Auflage, München 2015, S. 245 sowie Richard Willstätter, Aus meinem Leben. Von Arbeit, Muße und Freunden, Weinheim 1949, S. 204.

9 In den Akten der Kommission findet sich auch hier nur die Verkündung der Benennung, die im Falle der Hittorfstraße und des Faradayweges auf den 4. Oktober 1912 datiert ist. Landesarchiv Berlin, MF, 2363, Band 315, ohne Paginierung beziehungsweise auf dem Mikrofilm nicht sichtbar.

10 Archiv der Max-Planck-Gesellschaft, I. Abteilung Repositur 1A Nummer 722, Bl. 2.

11 Ebd.

12 Ebd., Bl. 2a recto.

13 Das Schreiben datiert vom 28. Oktober 1927. Archiv der Max-Planck-Gesellschaft, I. Abteilung Repositur 1A Nummer 722, Bl. 14.

14 Archiv der Max-Planck-Gesellschaft, I. Abteilung Repositur 1A Nummer 722, Bl. 15.

15 Ebd., Bl. 16.

16 Berliner Börsenzeitung vom 26. August 1928, Nr. 399, S. 6. An dieser Stelle der Hinweis, dass bei Durchsicht der Jahrgänge 1911 bis 1913 des „Teltower Kreisblattes", dem amtlichen Verkündigungsblatt des Landrats des Kreises Teltow, nicht ein Hinweis auf die vorherigen Umbenennungen gefunden wurde.

17 Archiv der Max-Planck-Gesellschaft, I. Abteilung Repositur 1A Nummer 722, Bl. 5.

18 Ebd., Bl. 12. Dabei ist erstaunlich, dass hier die Kaiser-Wilhelm-Gesellschaft scheinbar nichts weiß von der bereits erfolgten Umbenennung und noch selbst Vorschläge für die Umbenennung vorlegt.

19 Peter John u.a., Wegweiser zu Berlins Straßennamen. Zehlendorf, Berlin 1966, S. 351.

20 Straßenbauakte „Correnspatz", Straßen- und Grünflächenamt Steglitz-Zehlendorf.

21 Felix Sassmannshausen, Dossier: Straßen- und Platznamen mit antisemitischen Bezügen in Berlin [2021], hier S. 229 und 244, https://www.berlin.de/sen/lads/schwerpunkte/rechtsextremismus-rassismus-antisemitismus/ansprechpartner-fuer-antisemitismus/oeffentlichkeitsarbeit-1292237.php (4.11.2024).

69-71

Straßen für die „Helden"?

Militärische Traditionspflege in Steglitz-Zehlendorf – eine Bestandsaufnahme

Armin A. Woy

Wie ein Blick auf einen aktuellen Berliner Stadtplan zeigt, gibt es in Steglitz-Zehlendorf Stadtviertel, in denen sich militärische Straßennamen häufen. Die Namen beziehen sich sowohl auf militärische Personen als auch auf militärische Ereignisse. Meist sind jedoch Personen Namensgeber, die dem preußischen Militär, dem Schill'schen Freikorps, dem Militär des Deutschen Reiches und dem US-Militär angehörten. Aber auch eine Frau, die nicht Militärangehörige war, wurde als „Heldin der Befreiungskriege" geehrt. Ein Großteil der Namen mit militärischem Bezug findet sich in den Ortsteilen Lichterfelde, Lankwitz und Steglitz, in der Regel in der Nähe ehemaliger Kasernengelände. In den übrigen Ortsteilen kommen derartige Straßennamen, gemessen an der Gesamtzahl der Straßen, eher vereinzelt vor.

Bis 1920 gehörten die heutigen Ortsteile von Steglitz-Zehlendorf zum Landkreis Teltow. Sie wurden im Zuge der Bildung der neuen Stadtgemeinde Berlin am 1. Oktober 1920 nach Berlin eingemeindet. Die Bevölkerungsstruktur der damaligen Gemeinden war je nach Bebauungsstruktur unterschiedlich, doch im Wesentlichen bürgerlich-konservativ, in Teilen monarchistisch-konservativ und nach dem Ersten Weltkrieg auch rechtsliberal-nationalkonservativ geprägt.[1] Dies drückte sich auch im Wahlverhalten aus: Völkisch-nationale Parteien haben hier die höchste Anzahl an Stimmen erhalten, wie auch die NSDAP hier für Berliner Verhältnisse schon früh sehr hohe Stimmanteile gewinnen konnte.

Die Konzentration von Straßen, die nach Militärs benannt wurden, hängt mit dieser Bevölkerungsstruktur und dem Selbstverständnis der Gemeinden zusammen. In Lichterfelde und Lankwitz sind sie zudem ein Indiz dafür, dass sich hier wichtige militärische Einrichtungen befanden. Die älteste Kaserne war die 1878 eröffnete Hauptkadettenanstalt an der heutigen Finckensteinallee in Lichterfelde. Es folgten die 1884 fertiggestellte Gardeschützenkaserne am heutigen Gardeschützenweg sowie jeweils 1914 die Kasernen für die 3. Preußische Kraftfahr-Abteilung an der heutigen Malteserstraße und das 2. Garde-Train-Bataillon an der heutigen Gallwitzallee in Lankwitz.

Lichterfelde

Durch die Eröffnung der Hauptkadettenanstalt zogen Beschäftigte und deren Angehörige nach Lichterfelde, sodass sich die Bevölkerungsstruktur in diese Richtung veränderte. So ist es auch nicht verwunderlich, dass im Umfeld dieser militärischen Einrichtung Straßennamen mit Bezug zur Hauptkadettenanstalt vergeben wurden: Namensgeber für die vor 1893 benannte Steinäckerstraße war Eduard Freiherr von Steinäcker (1818–1895), preußischer General und Adjutant von Kaiser Wilhelm I. Nach dem Beschluss, einen Neubau für die Kadettenanstalt in Lichterfelde zu errichten, wurde er zum Vorsitzenden des Verwaltungsrates des Lichterfelder Bauvereins gewählt.[2] Die am 20. September 1916 benannte Köhlerstraße erinnerte an den zuletzt in Lichterfelde wohnenden Erich Köhler (1873–1914), Fregattenkapitän und Kommandant im Ersten Weltkrieg.[3] Bereits am 26. Mai 1915 wurde die Lichterfelder Bellevuestraße in Weddigenweg umbenannt.[4] Otto Weddigen (1882–1915) war bereits zu Lebzeiten als U-Boot-Kommandant zum Helden des Ersten Weltkrieges stilisiert worden.[5] Seit dem 3. Mai 1935 trägt die ehemalige Sternstraße in Erinnerung an die Kadettenanstalt den Namen Kadettenweg.[6] Die Kommandantenstraße trug ihren Namen bereits vor 1893, er geht wohl auf die Kommandanten der nahegelegenen Hauptkadettenanstalt und Gardeschützenkaserne zurück.[7]

Die Straße direkt an der ehemaligen Gardeschützenkaserne wurde am 4. November 1935 in Gardeschützenweg umbenannt[8]. Zu diesem Zeitpunkt dienten die Gebäude der Heeresfeuerwerkerschule. Auch der zunächst unmilitärisch wirkende Name Neuchateller Straße[9] in der Nähe der Kaserne hat einen militärischen Hintergrund. Neuchâtel in der Schweiz wurde 1814 preußisches Fürstentum, wo im gleichen Jahr das Gardeschützenbataillon aufgestellt wurde, welches ab 1884 seinen Sitz in Lichterfelde hatte. Die Straßennamen Chlumer Straße und Lipaer Straße beziehen sich auf die Orte, die 1866 im Zuge der Schlacht von Königgrätz durch das Gardeschützenbataillon erobert wurden.

In unmittelbarer Nähe der Kaserne befinden sich auch die Manteuffelstraße,[10] benannt nach Edwin Freiherr von Manteuffel (1809–1885), preußischer Generalfeldmarschall, die Moltkestraße (Helmuth Graf von Moltke, 1800–1891, preußischer Generalfeldmarschall, Chef des Generalstabs und Militärtheoretiker)[11] und die auf die Kaserne zuführende Schützenstraße, deren Teil in Lichterfelde am 5. Mai 1914 den Namen Gélieustraße bekam, benannt nach dem Generalmajor und Kommandanten der Gardeschützen Bernhard von Gélieu (1864–1926).[12] 1870 führte der damalige Kommandant der Gardeschützen, Major Hugo von Fabeck (1828–1870), seine Soldaten in den Deutsch-Französischen Krieg. Am 31. Dezember 1924 wurde der in Lichterfelde liegende Straßenteil Fabeckstraße genannt.[13] Schon vor 1878 wurde in Lichterfelde eine Straße nach dem preußischen Generalfeldmarschall Albrecht Graf von Roon (1803–1879)[14] benannt.[15]

Drei nach Militärs benannte Straßennamen befinden sich in Lichterfelde-Süd: zunächst die vor 1893 benannte Boninstraße (Eduard von Bonin, 1793–1865, preußischer Infanterie-General und Kriegsminister)[16] und die Steinmetzstraße (Karl Friedrich von Steinmetz, 1796–1877, preußischer Generalfeldmarschall).[17] Am 3. März 1893 kam die Blücherstraße (Gebhardt Leberecht Fürst Blücher von Wahlstatt, 1742–1819, preußischer Generalfeldmarschall) hinzu.[18] In Lichterfelde-Ost erinnert die Großbeerenstraße (vor 1893 benannt) an die Schlacht von Großbeeren am 23. August 1813 gegen die napoleonischen Truppen.[19]

1936/37 wurde eine Siedlung für Angehörige der Leibstandarte SS Adolf Hitler errichtet. Hier erhielt am 2. Februar 1937 eine die Siedlung erschließende Straße den Namen Leibstandartenweg (heute Ortlerweg).[20]

Die bedeutendste Straße in Lichterfelde, die Chausseestraße, wurde am 16. November 1914 in Hindenburgdamm umbenannt. Paul von Beneckendorff und von Hindenburg (1847–1934) führte seit Ende August 1914 die 8. Armee in Ostpreußen an. Nach dem Sieg seiner Truppen bei Allenstein/Olsztyn wurde Hindenburg zum Kriegshelden stilisiert. Er selbst bezeichnete das Ereignis als Schlacht von Tannenberg/Stebark, einem in der Nähe gelegenen Ort, an dem 500 Jahre zuvor der Deutsche Orden besiegt worden war. In der Weimarer Republik trug Hindenburg wesentlich zur Aushöhlung des demokratischen Systems bei. Er ernannte am 30. Januar 1933 Hitler zum Reichskanzler und unterstützte diesen durch Notverordnungen bei der Beseitigung der Demokratie.[21] 1950 beschloss die Bezirksverordnetenversammlung von Steglitz vor diesem Hintergrund, den Hindenburgdamm in Königsberger Damm umzubenennen, was jedoch am Widerstand des Magistrats scheiterte.[22] Der Verein Aktives Museum Faschismus und Widerstand in Berlin e.V. brachte am 27. April 1994 eine Hinweistafel zur Rolle Hindenburgs bei der Zerstörung der Weimarer Demokratie an. Die Tafel wurde vom Bezirksamt wieder entfernt und dem Verein die Kosten dafür in Rechnung gestellt.[23] Seitdem wird immer wieder die Umbenennung dieses Straßenzuges gefordert. Zuletzt fand am 4. Juli 2024 eine symbolische Umbenennung in Edith-Jacobson-Damm statt.[24]

Am 2. Februar 1986 erhielt ein namenloser Platz den Namen Ludwig-Beck-Platz. Generaloberst

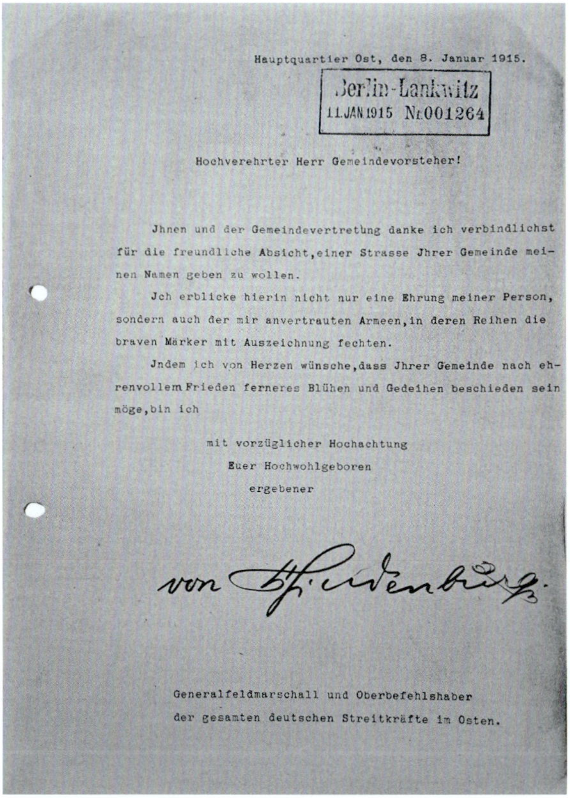
Hauptquartier Ost, den 8. Januar 1915.

Berlin-Lankwitz
11.JAN1915 Nr.001264

Hochverehrter Herr Gemeindevorsteher!

Jhnen und der Gemeindevertretung danke ich verbindlichst für die freundliche Absicht, einer Strasse Jhrer Gemeinde meinen Namen geben zu wollen.

Jch erblicke hierin nicht nur eine Ehrung meiner Person, sondern auch der mir anvertrauten Armeen, in deren Reihen die braven Märker mit Auszeichnung fechten.

Jndem ich von Herzen wünsche, dass Jhrer Gemeinde nach ehrenvollem Frieden ferneres Blühen und Gedeihen beschieden sein möge, bin ich

mit vorzüglicher Hochachtung
Euer Hochwohlgeboren
ergebener

von Hindenburg.

Generalfeldmarschall und Oberbefehlshaber
der gesamten deutschen Streitkräfte im Osten.

Abb. 1 Dankschreiben von Paul von Hindenburg vom 8. Januar 1915.
Straßenbenennungsakten Steglitz, Bd. 0/1 (1890–1924), Straßen- und Grünflächenamt Steglitz-Zehlendorf

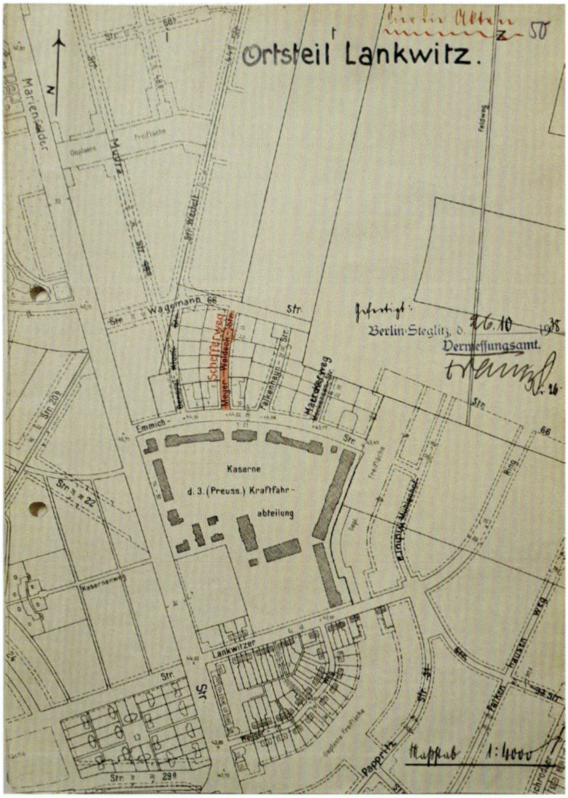

Abb. 2 Karte des Vermessungsamtes Lankwitz, 1938
Straßenbenennungsakten Steglitz, Bd. 4/5 (1933–1938), Straßen- und Grünflächenamt Steglitz-Zehlendorf

Ludwig Beck (1880–1944) war in die Pläne der militärischen Widerstandsgruppe um Claus Schenk Graf von Stauffenberg involviert. Im Falle eines gelungenen Attentats auf Adolf Hitler wäre er als Staatsoberhaupt vorgesehen gewesen.[25]

Lankwitz

In Lankwitz sind in der ersten Hälfte der 1890er Jahre einige Straßen nach verdienten Militärs der brandenburgisch-preußischen Armee benannt worden, so die Derfflingerstraße nach Georg Derfflinger (1606–1695)[26] sowie die Dessauerstraße nach Leopold I. Fürst von Anhalt-Dessau (1676–1747)[27]. Mit Umbenennung der Kaiser-Wilhelm-Straße in Frobenstraße nach Emanuel Froben (1640–1675)[28] im gleichen Zeitraum, erfolgte auch die Namensänderung der ehemaligen Kreischaussee in die heutige Kaiser-Wilhelm-Straße.[29] Eine wundersame Wandlung machte ein Straßenname in Lankwitz durch, als er einige seiner Buchstaben verlor: Aus der Zietemannstraße, benannt nach dem Grundbesitzer dieses Areals, wurde die Zietenstraße,[30] die nun den preußischen Reitergeneral Hans Joachim von Zieten (1699–1786) ehrte.

Bei der Aufstellung eines Bebauungsplanes 1909 systematisierte die Gemeinde die Benennung der Straßen. So wurden zum Beispiel ein Komponistenviertel, ein Weinviertel und ein Thüringer Viertel angelegt. Zudem war ein Heldenviertel vorgesehen,[31] welches schließlich rund um das

Gelände der 1914 errichteten Kasernen entstand.[32] Der anfänglichen Kriegsbegeisterung nach Ausbruch des Ersten Weltkrieges folgend, wurden im vorgesehenen Gebiet am 22. Oktober 1914 sechs Militärs des Ersten Weltkrieges mit der Benennung von Straßen geehrt: Otto von Emmich,[33] Alexander von Kluck,[34] Max Freiherr von Hausen,[35] Paul von Beneckendorff und von Hindenburg, Erich Ludendorff – Stabschef von Hindenburg in der Schlacht bei Allenstein/Olsztyn und einer der Väter der Dolchstoßlegende – und Otto Weddigen.[36] Die beiden letzteren Straßen waren jedoch noch unbebaut und wurden 1919 und 1939 zugunsten von Erweiterungen der Kasernengelände wieder aufgehoben.[37]

Drei weitere Benennungen folgten 1915: die Falkenhaynstraße (1963 aufgehoben), benannt nach Erich von Falkenhayn (1861–1922), im Ersten Weltkrieg preußischer Kriegsminister und Chef des Generalstabs,[38] und die Mackensenstraße, benannt nach August von Mackensen (1849–1945), Generaladjutant des Kaisers, Stratege an der Ostfront und Generalfeldmarschall.[39] Zudem wurde eine Straße nach dem Gouverneur der deutschen Kolonie Kiautschou/Jiāozhōu, Alfred Meyer-Waldeck (1864–1928), benannt.[40] Auch eine erste Umbenennung im Kontext des Ersten Weltkrieges gab es: Am 20. Juni 1915 wurde die Hausenstraße in Beselerstraße umbenannt, weil Generaloberst von Hausen als einer der Verantwortlichen für die verlorene Marneschlacht galt.[41]

Mit der Eingemeindung nach Berlin und der Zuordnung zum Bezirk Steglitz konnten neue Straßennamen nur mit der Zustimmung der zuständigen Berliner Institutionen vergeben werden. Hierbei musste vor allem eine berlinweite Doppelbenennung vermieden werden. In Fortsetzung der Benennung nach preußischen Militärs wurden am 12. November 1925 im Bereich der Dessauer Straße die Namen Bellingstraße, nach dem Husarengeneral Wilhelm Sebastian von Belling (1719–1779)[42] und Retzowstraße nach dem preußischen Generalleutnant Wolf Friedrich von Retzow (1700–1758)[43] gewählt. Im Zusammenhang mit der Errichtung der Reichsbund-Kriegersiedlung zwischen heutiger Paul-Schneider-Straße und Gallwitzallee wurde die Husstraße am 15. Dezember 1930 in Kameradenweg umbenannt. Zur Beseitigung der Doppelbenennung mit dem Hindenburgdamm in Lichterfelde wurde die Hindenburgstraße am 20. Oktober 1932 in Eiswaldtstraße umbenannt und damit der General Rudolf Eiswaldt (1839–1905) gewürdigt, der als Inspekteur der in der Kaserne an der heutigen Gallwitzallee/Eiswaldtstraße stationierten Fahrabteilung (vormals Train-Bataillon genannt) tätig war.[44]

Während der NS-Zeit wurden 1935 im Lankwitzer Süden und Osten als Erweiterung des Generalsviertels Straßen nach Mitgliedern des Schill'schen Freikorps benannt. Im Nationalsozialismus galten die Mitglieder des Freikorps von Major Ferdinand von Schill, der 1809 gegen die napoleonische „Fremdherrschaft" kämpfte, als „heldenhafte" Rebellen. Da der Name Schill jedoch bereits anderweitig vergeben war,[45] wurden Straßen nach Friedrich Wilhelm von Felgentreu (1786–1809), Karl-Friedrich von Trachenberg (1784–1809) und Albert von Wedell (1791–1809) benannt. 1936 kamen die Gabainstraße (nach Konstantin Gabain, 1786–1809) und der Keffenbrinckweg, benannt nach Karl von Keffenbrinck (1791–1809), hinzu.

Auch das Generalsviertel selbst wurde weiter ausgebaut. 1936/37 kamen der Falkenhausenweg (Ludwig Freiherr von Falkenhausen, 1844–1936, preußischer Generaloberst und im Ersten Weltkrieg Generalgouverneur von Belgien),[46] die Pappritzstraße (Günther von Pappritz, 1856–1936, preußischer General der Kavallerie sowie im Ersten Weltkrieg Gouverneur von Königsberg),[47] der Hohenbornweg (Adolf Wild von Hohenborn, 1860–1925, General der Infanterie und im Ersten Weltkrieg Kriegsminister), die Wichurastraße (Georg Wichura, 1851–1923, Infanterie-General im Ersten Weltkrieg)[48] und die Gallwitzallee hinzu (Max von Gallwitz, 1852–1937, General der Artillerie im Ersten Weltkrieg, in der Weimarer Republik Reichstagsabgeordneter der Deutschnationalen Volkspartei).[49] Da die bereits in Lankwitz vergebenen Namen Kluck und Mackensen in einem weiteren Generalsviertel an der Ortsteilgrenze von Schöneberg und Tiergarten Verwendung finden sollten, wurden zudem am

18. Januar 1936 die General-Kluck-Straße in Mudrastraße (Bruno von Mudra, 1851–1931, preußischer Infanterie-General)[50] und die Mackensenstraße in Maerckerweg (Georg Maercker, 1865–1924, Kolonialoffizier, Generalmajor im Ersten Weltkrieg und Freikorpsgründer) umbenannt.[51] Nach einer Überprüfung von Straßennamen durch die Nationalsozialisten wurde die Meyer-Waldeck-Straße am 20. März 1939 in Schefferweg (Reinhard von Scheffer-Boyadel, 1851–1937, Infanterie-General im Ersten Weltkrieg) umbenannt, „da die urkundliche Nachprüfung durch den Leiter der Reichsstelle für Sippenforschung" ergeben hatte, Meyer-Waldeck sei „jüdischer Mischling 1. Grades" gewesen. Auch bei Vorschlägen von Neubenennungen von Straßen, unter anderem aus der Bevölkerung, während der Zeit des Nationalsozialismus wurde jeweils geprüft, ob die zur Benennung ausgewählte Person den rassistischen und nationalsozialistischen Anforderungen „genüge". Hierzu gibt es umfangreichen Schriftwechsel in den Akten des für die Benennung zuständigen Amtes.[52]

Steglitz

Im Ortsteil Steglitz gibt es nur wenige Straßen, die nach einzelnen Militärpersonen benannt sind. Vor 1887 wurde eine Straße nach dem preußischen Generalfeldmarschall Friedrich Graf von Wrangel (1784–1877) benannt.[53] Er hatte seinen Sommersitz von 1853 bis 1877 im Gutshaus Steglitz.[54] Ein früherer Besitzer des Gutes Steglitz war der Oberst Fronhofer (geboren 1728), der das Gut 1782 erwarb und noch im gleichen Jahr verstarb.[55] Am 11. November 1913 wurde die Borstellstraße nach Ludwig von Borstell (1773–1844), preußischer Kavallerie-General und Mitglied des Preußischen Staatsrates, benannt.[56]

Die Düntherstraße und die Düppelstraße erinnern seit 1878 an Schlachtorte im Deutsch-Dänischen Krieg von 1864, ebenso die um 1896 benannte Alsenstraße; ihr Name bezieht sich auf die im selben Krieg eroberte Insel Alsen.[57] Im Geviert zwischen dem Steglitzer Damm, dem Stadtpark, der Birkbuschstraße und der Klingsorstraße tragen Straßen die Namen von Schlachtorten des Deutsch-Französischen Krieges 1870/1871. Hierzu gehören Dijonstraße, Gravelottestraße, Orleansstraße, Rezonvillestraße, Sedanstraße und Vionvillestraße. Die ebenfalls hier liegende ehemalige Marslatourstraße wurde am 8. November 1912 benannt und am 7. Januar 1928 in Birkbuschgarten umbenannt.[58] Neben Orten siegreicher Schlachten gab hier auch eine Militärperson ihren Namen: Die Goebenstraße wurde zu Ehren von August Karl von Goeben (1815–1880, preußischer General der Infanterie) so genannt.[59] Und auch Johanna Stegen (1793–1842), dem „Heldenmädchen" von Lüneburg, ist hier seit vor 1913 eine Straße gewidmet. Am 2. April 1813 war es zu einem Gefecht zwischen napoleonischen und preußischen Truppen gekommen. Johanna Stegen unterstützte letztere mit in ihrer Schürze herbeigetragenen Patronen und trug so, der Überlieferung nach, maßgeblich zum preußischen Sieg bei.[60]

Dahlem

In der Nähe des alten Dorfkerns von Dahlem erinnert das Straßenensemble Lans-, Taku- und Iltisstraße an die deutsche Kolonialzeit in China. Die Lansstraße wurde nach Admiral Wilhelm von Lans (1861–1947) benannt,[61] der als Kommandant des Kanonenbootes *Iltis* an der Schlacht um das Taku-Fort (heute Dāgū) teilnahm. Über die Umbenennung dieser drei Straßen wird immer wieder diskutiert. Seit 2011 erläutert eine Informationsstele des Kulturamtes Steglitz-Zehlendorf die kolonialen Hintergründe der harmlos klingenden Namen.

1905 wurde die historische Verbindung nach Lichterfelde bis zur heutigen Straße Unter den Eichen in Fabeckstraße umbenannt. Im gleichen Jahr wurde eine Straße nach dem Generalleutnant Victor von Podbielski (1844–1916) als Podbielskiallee benannt.[62]

Zehlendorf

In Zehlendorf gibt es ebenfalls ein kleines Generalsviertel mit vier nach Militärpersonen benannten Straßen. Um 1893 wurde die Blücherstraße nach dem preußischen Generalfeldmarschall Gebhardt Leberecht Fürst Blücher von Wahlstatt (1742–1819) benannt.[63] Namensgeber der um 1904 benannten Blumenthalstraße war der Generalfeldmarschall Leonhard von Blumenthal (1810–1900).[64] Gleichfalls um 1904 wurde die Bülowstraße nach dem preußischen General Friedrich Wilhelm Bülow von Dennewitz benannt, einem der erfolgreichsten Befehlshaber der Befreiungskriege, unter anderem in den Schlachten von Dennewitz und Waterloo.[65] 1906 folgten die Roonstraße (Albrecht Graf von Roon, 1803–1879, preußischer Generalfeldmarschall)[66] und die Werderstraße, benannt nach dem preußischen Infanterie-General August von Werder (1808–1887).[67]

Bereits vor 1878 wurde die Düppelstraße nach der Erstürmung der Düppeler Schanzen als kriegsentscheidende Schlacht des Deutsch-Dänischen Krieges 1864 benannt. Die Mörchinger Straße erhielt am 9. September 1931 ihren Namen nach dem Schlachtort Mörchingen im Ersten Weltkrieg.[68]

Zwei Straßen sind nach Militärfliegern benannt: Die Plüschowstraße erhielt ihren Namen von dem Marineoffizier und Flieger Gunther Plüschow (1886–1931) nur wenige Monate nach seinem Tod am 9. September 1931.[69] Am 4. April 1934 erhielt der Poßweg seinen Namen nach dem Marineflieger Reinhold Poß (1897–1933).[70]

Am 11. Mai 1938 wurden im Ortsteil Düppel in unmittelbarer Nähe zur Reiterschule der SA drei Straßen nach militärischen Reitern benannt, die den zum „Heldentod" stilisierten Tod beim Reiten fanden: Holstweg nach Axel Holst (1896–1935), der im SS-Rang bei einem Springturnier zur Grünen Woche von seinem Pferd nach Sturz erdrückt wurde, Kramstaweg nach Hans Emil Gottlob von Kramsta (1850–1913), preußischer Oberst und Rennreiter, und Ravenweg nach Raimar von Raven (1848–1920), preußischer Generalleutnant.[71]

Schlachtensee

In Schlachtensee wurde zwischen 1939 und 1941 eine Wohnsiedlung für gehobene Marineoffiziere gebaut. Dementsprechend erhielt die sie erschließende Straße am 29. März 1939 den Namen Marinesteig.[72] Die Nickisch-Rosenegk-Straße ist nach Gotthard Ernst Nickisch von Rosenegk (1853–1931, Oberst und Kommandant der Hauptkadettenanstalt) benannt.[73]

Der zunächst unverfänglich anmutende Name Spanische Allee geht auf den Einsatz des deutschen Luftwaffenverbandes Legion Condor im Spanischen Bürgerkrieg zurück. Zunächst geheim gehalten, wurde die deutsche Unterstützung für die Truppen von Francisco Franco nach dem Ende des Spanischen Bürgerkrieges deutschlandweit mit Straßenbenennungen gefeiert, so auch in Berlin, wo die Benennung der Spanischen Allee am 6. Juni 1939 im Rahmen der Feierlichkeiten anlässlich der Rückkehr der Legion Condor erfolgte. Um auf die Geschichte der Namensgebung der Spanischen Allee hinzuweisen, wurde ein bisher namenloser Platz an der Straße am 27. November 1998 Guernicaplatz genannt[74] – in Erinnerung an das größte Kriegsverbrechen der Legion Condor, die Zerstörung des baskischen Ortes Gernika/Guernica am 26. April 1937, die zum Sinnbild des Terrors gegen eine wehrlose Zivilbevölkerung wurde.

Nikolassee und Wannsee

In Nikolassee haben lediglich der Katteweg und die Von-der-Trenck-Straße einen militärischen Bezug.[75] In Wannsee entstammen folgende Straßennamen einem militärischen Kontext: Die Alsenstraße wurde 1888 nach der dänischen Insel Alsen benannt, mit deren Eroberung nach dem Sieg der deutschen Truppen bei den Düppeler Schanzen der Deutsch-Dänische Krieg entschieden war.[76] In der Villenkolonie Alsen wurde nach dem preußischen General Louis von Colomier (1809–1886) wohl 1872 durch den Gründer der Villenkolonie Wilhelm Conrad eine Straße benannt. Colomier hatte die Idee für

Abb. 3 Straßenbenennung am 31. August 1970
Landesarchiv Berlin, F Rep. 290 Nr. 0142125, Fotograf: Ludwig Ehlers

die Namensgebung der Villenkolonie gehabt, er war an den Kampfhandlungen beteiligt und der Schwager von Conrad.[77] In der Villenkolonie befindet sich ferner die Herwarthstraße, benannt nach dem preußischen Generalfeldmarschall Eberhard Herwarth von Bittenfeld (1796–1884). Herwarth war ebenfalls am Deutsch-Dänischen Krieg beteiligt. Die Straße wurde um 1900 benannt.[78]

Nach Militärs der US-Armee benannte Straßen

Der Bezirk Steglitz-Zehlendorf gehörte von 1945 bis zur deutschen Einheit 1990 zum Sektor der Vereinigten Staaten von Amerika mit zahlreichen Einrichtungen des US-Militärs. Die Spuren dieser Zeit sind noch heute in Straßennamen ablesbar. Die erste Straße, die nach einem US-Militärangehörigen benannt wurde, war die Clayallee. Sie wurde bereits am 1. Juni 1949, nur wenige Tage nach dem Ende der Berlin-Blockade, nach dem US-General Lucius D. Clay bezeichnet. Clay hatte nach Anregung durch den britischen Commodore Rex N. Waite 1948 die sogenannte Luftbrücke angeordnet, um die westlichen Sektoren während der vielmonatigen sowjetischen Berlin-Blockade zu versorgen.[79]

Da sich in Dahlem das Hauptquartier der US-Armee in Berlin befand, wurden im Umfeld Wohnsiedlungen für Angehörige der US-Armee errichtet, deren Straßen mit entsprechenden Namen versehen wurden. Am 27. März 1953 wurde eine Straße nach George Steward benannt, dem Chefarzt des US-amerikanischen Militärhospitals. Es folgten am 21. Mai 1954 die Benennung nach Vernon Pritchard (1892–1949), einem Kommandeur des 6. US-amerikanischen Infanterieregiments, sowie am 1. Dezember 1955 die Benennung je einer Straße nach George Frederic Marshall (1910–1942), Oberstleutnant der United States Army, und Zachary Taylor (1784–1850), einem US-General.[80]

Weitere Wohngebiete entstanden südlich der Potsdamer Chaussee, westlich der Lindenthaler Allee. Hier wurden drei Straßen nach Opfern

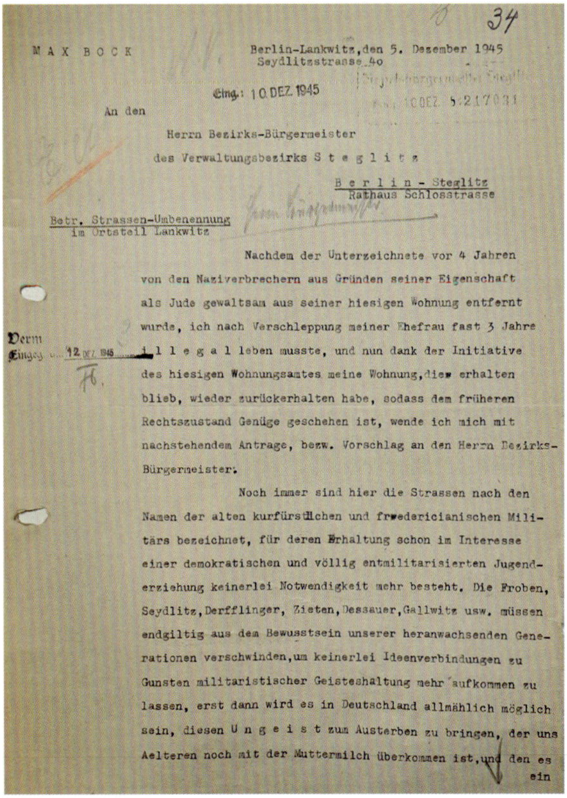

MAX BOCK

Berlin-Lankwitz,den 5. Dezember 1945
Seydlitzstrasse 4o

Eing.: 10 DEZ 1945

An den

Herrn Bezirks-Bürgermeister
des Verwaltungsbezirks S t e g l i t z

B e r l i n - Steglitz
Rathaus Schlosstrasse

Betr. Strassen-Umbenennung
im Ortsteil Lankwitz

Nachdem der Unterzeichnete vor 4 Jahren von den Naziverbrechern aus Gründen seiner Eigenschaft als Jude gewaltsam aus seiner hiesigen Wohnung entfernt wurde, ich nach Verschleppung meiner Ehefrau fast 3 Jahre i l l e g a l leben musste, und nun dank der Initiative des hiesigen Wohnungsamtes meine Wohnung,diew erhalten blieb, wieder zurückerhalten habe, sodass dem früheren Rechtszustand Genüge geschehen ist, wende ich mich mit nachstehendem Antrage, bezw. Vorschlag an den Herrn Bezirks-Bürgermeister.

Noch immer sind hier die Strassen nach den Namen der alten kurfürstlichen und friedericianischen Militärs bezeichnet, für deren Erhaltung schon im Interesse einer demokratischen und völlig entmilitarisierten Jugenderziehung keinerlei Notwendigkeit mehr besteht. Die Froben, Seydlitz,Derfflinger, Zieten,Dessauer,Gallwitz usw. müssen endgiltig aus dem Bewusstsein unserer heranwachsenden Generationen verschwinden,um keinerlei Ideenverbindungen zu Gunsten militaristischer Geisteshaltung mehr aufkommen zu lassen, erst dann wird es in Deutschland allmählich möglich sein, diesen U n g e i s t zum Austerben zu bringen, der uns Aelteren noch mit der Muttermilch überkommen ist,und den es ein

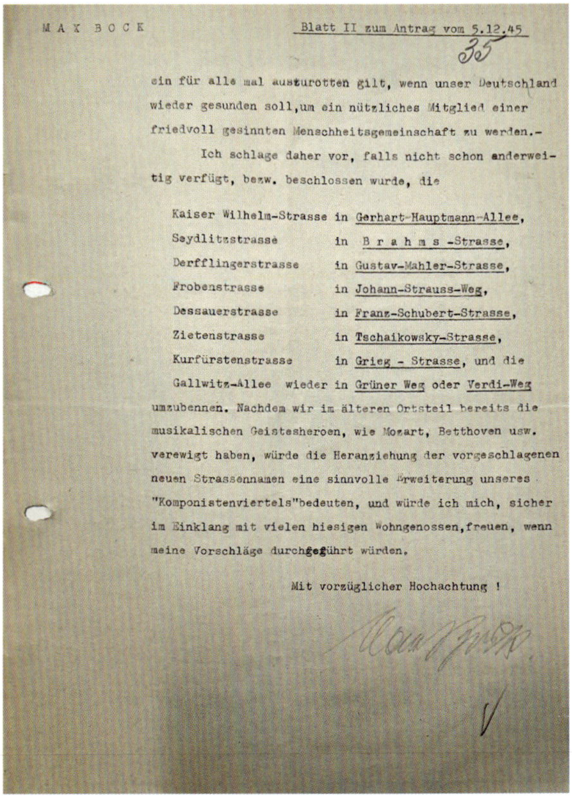

MAX BOCK

Blatt II zum Antrag vom 5.12.45

ein für alle mal auszurotten gilt, wenn unser Deutschland wieder gesunden soll,um ein nützliches Mitglied einer friedvoll gesinnten Menschheitsgemeinschaft zu werden.-

Ich schlage daher vor, falls nicht schon anderweitig verfügt, bezw. beschlossen wurde, die

Kaiser Wilhelm-Strasse in Gerhart-Hauptmann-Allee,
Seydlitzstrasse in B r a h m s -Strasse,
Derfflingerstrasse in Gustav-Mahler-Strasse,
Frobenstrasse in Johann-Strauss-Weg,
Dessauerstrasse in Franz-Schubert-Strasse,
Zietenstrasse in Tschaikowsky-Strasse,
Kurfürstenstrasse in Grieg - Strasse, und die
Gallwitz-Allee wieder in Grüner Weg oder Verdi-Weg

umzubennen. Nachdem wir im älteren Ortsteil bereits die musikalischen Geistesheroen, wie Mozart, Betthoven usw. verewigt haben, würde die Heranziehung der vorgeschlagenen neuen Strassennamen eine sinnvolle Erweiterung unseres "Komponistenviertels"bedeuten, und würde ich mich, sicher im Einklang mit vielen hiesigen Wohngenossen,freuen, wenn meine Vorschläge durchgeführt würden.

Mit vorzüglicher Hochachtung !

Abb. 4 Schreiben von Max Bock an den Bezirksbürgermeister von Steglitz vom 5. Dezember 1945
Straßenbenennungsakten Steglitz, Bd. 7 (1945–1956), Straßen- und Grünflächenamt Steglitz-Zehlendorf

der Luftbrücke benannt: Charles-H.-King-Straße (1922–1948, US-amerikanischer Pilot der Air Force), Edwin-C.-Diltz-Straße (1916–1948, Major der Air Force), und Lloyd-G.-Wells-Straße (1919–1948, Sergeant der Air Force). An der feierlichen Benennung der Straßen am 31. August 1970 nahmen der Regierende Bürgermeister Schütz, der US Stadtkommandant Seignious und der ehemalige Luftbrückenpilot Gail Halverson teil.[81]

An der Goerzallee befanden sich die McNair-Barracks. Die Straßenfläche des ehemaligen 4. Ringes wurde am 3. Dezember 1976, anlässlich des 200. Jahrestages der Unabhängigkeitserklärung der USA, in Platz des 4. Juli umbenannt.[82] Nach dem Abzug der Militärs wurde das Kasernengelände in ein Wohngebiet umgestaltet. An die vormalige Nutzung durch die US-Armee erinnern folgende Straßen, die am 1. Juni 2000 benannt wurden: Platz der US-Berlin-Brigade und die William-H.-Tunner-Straße. Tunner zeichnete sich als Generalleutnant der Air Force durch Leistungen im Zusammenhang mit der Luftbrücke aus. Am 25. September 2000 folgten der Floyd-L.-Parks-Weg nach einem US-amerikanischen General, der 1945 Mitglied der ersten Alliierten Kommandantura war, und der Frank-L.-Howley-Weg, benannt nach dem US-General und Stadtkommandanten (1903–1993).[83]

Im Ortsteil Wannsee wurde am 26. Dezember 1993 in der ehemaligen West-Berliner Exklave Steinstücken dem Hubschrauberlandeplatz der US-Streitkräfte die Anschrift „Am Landeplatz" gegeben. Der zweite Weihnachtsfeiertag als eher ungewöhnliches Datum für eine Straßen- beziehungsweise Platzbenennung könnte daher rühren, dass die US-Streitkräfte zu Zeiten der Exklave Steinstücken für die dort wohnenden Kinder an Weihnachten einen Weihnachtsmann per Hubschrauber einflogen.[84]

Nach dem Zweiten Weltkrieg

Nach dem Zweiten Weltkrieg wurden schnell Vorschläge zur Änderung von Straßennamen mit eindeutigem NS-Bezug gemacht.[85] Aber auch eine grundsätzliche „Entmilitarisierung" von Straßennamen wurde breit diskutiert. Zum einen gab es Vorschläge aus der Bevölkerung, zum anderen hatte der Magistrat berlinweit Vorschläge von den Bezirksämtern erbeten. Der Prozess zog sich unter anderem aufgrund der schwierigen Verwaltungssituation in der Nachkriegszeit in die Länge. Neue Straßennamen mussten zum Beispiel berlinweit abgeglichen werden, um Doppelbenennungen zu vermeiden. Im Zusammenhang mit der Erstellung von Wahlunterlagen für die Wahl am 1. Oktober 1946 beschloss der Magistrat, bis auf Weiteres Straßennamen nicht mehr zu ändern.[86] Der Prozess der Straßenumbenennungen kam hierdurch vorübergehend zum Erliegen. So sind offizielle Umbenennungen oft erst 1947 erfolgt. Die Teilung der Verwaltung der Stadt im Jahre 1948 erschwerte die Situation zusätzlich, sodass festzustellen ist, dass kaum Straßennamen mit militärischem Bezug geändert wurden. Der Maerckerweg wurde erst 2022 umbenannt, jedoch eher wegen der kolonialen Vergangenheit des Namensträgers. Deshalb wird noch heute über problematische Straßennamen wie den Hindenburgdamm und die Lans-, Taku- und Iltisstraße diskutiert.

Die Benennung von Straßennamen nach militärischen Personen oder Ereignissen hat in Steglitz-Zehlendorf eine lange Tradition. Aus heutiger Sicht werden hierdurch allerdings auch Personen geehrt, deren Würdigung, mit einem modernen demokratischen Verständnis betrachtet, problematisch erscheint. Straßen(um)benennungen sind jedoch nicht nur politisch, sondern auch emotional immer wieder ein „heißes Eisen". Eine kritische Auseinandersetzung mit namensgebenden Personen oder Ereignissen ist in jedem Fall sinnvoll und auch geboten.

Anmerkungen

1 Jürgen Wetzel, Geschichte der Berliner Verwaltungsbezirke, Bd. 12: Zehlendorf, Berlin 1988, S. 126.
2 Peter John, Wegweiser zu Berlins Straßennamen – Steglitz, 1. Auflage, Berlin 1993, S. 348.
3 Ebd., S. 211f. Köhler starb bei der Explosion seines Schiffes im November 1914.
4 Ebd., S. 379f.
5 Das Versenken von drei englischen Panzerkreuzern mit seinem U-Boot *U9* im September 1914 galt als großer Erfolg der deutschen Marine gegen die englische Seemacht. Dafür wurde Otto Weddigen als Kriegsheld gefeiert. Nachdem er weitere englische Schiffe versenkt hatte, wurde ihm durch Kaiser Wilhelm II. als erstem Marineoffizier der Orden „Pour le Mérite" verliehen. Am 18. März 1915, vier Wochen nach Übernahme des Kommandos, wurde Weddigens Boot *U29* zwischen Schottland und den Orkney-Inseln gerammt und versenkt. Sämtliche Besatzungsmitglieder kamen ums Leben. Verstärkt nach seinem Tod wurden in zahlreichen Städten Plätze und Straßen nach ihm benannt. Bücher, Postkarten und Bierkrüge erinnerten an sein Wirken. Auch Verbindungen von Studierenden, Marinegemeinschaften sowie 1935 eine U-Bootflottille wurden nach Weddigen benannt. Michael Epkenhans, „Weddigen, Otto". In: Neue Deutsche Biographie 27 (2020), S. 530–531; https://de.wikipedia.org/wiki/Otto_Weddigen (abgerufen 26.8.2024).
6 John 1993, S. 193. Kürzlich wurde angeregt, diese Umbenennung rückgängig zu machen aufgrund der Annahme, dass die Straße ursprünglich nach Julius Stern benannt worden war und 1935 aus antisemitischen Gründen umbenannt wurde.
7 John 1993, S. 215.
8 Vorher hieß sie Steglitzer Straße. John 1993, S. 130.
9 Benannt am 17. September 1912. John 1993, S. 272.
10 Benannt vor 1893. John 1993, S. 249f.
11 Am 27. April 1899 benannt. John 1993, S. 265.
12 John 1993, S. 132; https://de.wikipedia.org/wiki/Bernhard_von_Gélieu_(General,_1864) (abgerufen 1.9.2024).
13 Der Dahlemer Teil des ehemaligen Dahlemer Weges wurde bereits 1905 in Fabeckstraße umbenannt. John 1993, S. 109; https://de.wikipedia.org/wiki/Liste_der_Straßen_und_Plätze_in_Berlin-Lichterfelde; https://de.wikipedia.org/wiki/Hugo_von_Fabeck (abgerufen jeweils 1.9.2024).
14 Roon wirkte unter anderem 1847/49 an der Niederschlagung der demokratischen Revolution im Badischen sowie an den Reichseinigungskriegen mit.
15 John 1993, S. 311; Rainer Paetau, „Roon, Albrecht Graf von". In: Neue Deutsche Biographie 22 (2005), S. 30–32; https://de.wikipedia.org/wiki/Albrecht_von_Roon (abgerufen 1.9.2024).
16 John 1993, S. 66; Hans Branig, „Bonin, Eduard von" in: Neue Deutsche Biographie 2 (1955), S. 447; https://de.wikipedia.org/wiki/Eduard_von_Bonin (abgerufen 1.9.2024).
17 John 1993, S. 349; Bernhard von Poten, „Steinmetz, Karl Friedrich von". In: Allgemeine Deutsche Biographie 36 (1893), S. 10–19; https://de.wikipedia.org/wiki/Karl_Friedrich_von_Steinmetz (abgerufen 1.9.2024).
18 John 1993, S. 64; Hans Haussherr, „Blücher von Wahlstatt, Gebhard Leberecht Fürst". In: Neue Deutsche Biographie 2 (1955), S. 317–319; und https://de.wikipedia.org/wiki/Gebhard_Leberecht_von_Blücher, (abgerufen 1.9.2024).
19 John 1993, S. 150.
20 Die Leibstandarte SS Adolf Hitler nahm 1933 die Gebäude der ehemaligen Hauptkadettenanstalt in Beschlag. Da sich die Personalstärke der Leibstandarte stetig erhöhte, wurde die Siedlung in unmittelbarer Nähe des Kasernengeländes zur Reduzierung der Platzprobleme in der Kaserne errichtet. Vgl. Armin A. Woy, Die Siedlung der „Leibstandarte SS Adolf Hitler" in Lichterfelde. In: Bezirksamt Steglitz (Hg.), Steglitz im Dritten Reich. Beiträge zur Geschichte des Nationalsozialismus in Steglitz, Berlin 1992, S. 105ff.
21 John 1993, S. 175f.; https://www.bpb.de/shop/zeitschriften/izpb/weimarer-republik-346/332906/zerstoerung-der-demokratie-1930-1933/; https://www.deutschlandfunk.de/hindenburg-reichspraesident-geburtstag-100.html; https://de.wikipedia.org/wiki/Paul_von_Hindenburg (abgerufen jeweils 2.9.2024).
22 Akte Straßenbenennungen, Band 7, des Bezirksamtes Steglitz-Zehlendorf von Berlin, Abteilung Ordnung, Umwelt- und Naturschutz, Straßen und Grünflächen, Straßen- und Grünflächenamt, Fachbereich Tiefbau. Im Folgenden als „Akte Straßenbenennungen" zitiert.
23 Aktives Museum Faschismus und Widerstand in Berlin e. V., Mitgliederrundbrief Nr. 26, Juli 1994, S. 8ff.
24 Vgl. hierzu https://www.berliner-zeitung.de/news/hindenburgdamm-lichterfelde-symbolisch-umbenannt-worden-steigbuegelhalter-der-nazis-li.2231915 (abgerufen 2.9.2024).
25 Wolfgang Foerster, „Beck, Ludwig". In: Neue Deutsche Biographie 1 (1953), S. 699; https://www.gdw-berlin.de/de/vertiefung/biografien/personenverzeichnis/biografie/view-bio/ludwig-beck/; https://de.wikipedia.org/wiki/Ludwig_Beck_(General) (abgerufen jeweils 1.9.2024).
26 Hans Saring, „Derfflinger, Georg Freiherr von". In: Neue Deutsche Biographie 3 (1957), S. 605–606; https://de.wikipedia.org/wiki/Georg_von_Derfflinger (abgerufen 26.8.2024).
27 Marcus Junkelmann, „Leopold I.". In: Neue Deutsche Biographie 14 (1985), S. 266–268; https://de.wikipedia.org/wiki/Leopold_I._(Anhalt-Dessau) (abgerufen 26.8.2024).
28 Emanuel Froben (1640–1675) war Stallmeister des Großen Kurfürsten und soll der Legende nach diesem

durch den Tausch des Pferdes in der Schlacht bei Fehrbellin das Leben gerettet haben.

29 Schwarze, „Froben, Emanuel". In: Allgemeine Deutsche Biographie 8 (1878), S. 124–125; https://de.wikipedia.org/wiki/Emanuel_Froben (abgerufen 4.9.2024).

30 Um 1894. John 1993, S. 395.

31 Heimatkunde von Lankwitz. Eine Stoffsammlung zur (unterrichtlichen) Auswertung. Zusammengestellt von Paul Hiller, Lehrer, Berlin-Lankwitz 1927, S. 57.

32 Es entstanden die Kaserne der II. Garde-Train-Einheit an der heutigen Gallwitzallee/Eiswaldtstraße und die Kraftfahrer-Kaserne an der heutigen Malteserstraße/Ecke Emmichstraße. Vgl. hierzu auch Wolfgang Friese, Lankwitz und seine Geschichte, Teil IV, Kaserne und Gewerbe, hg. von Gabriele Schuster im Auftrag des Heimatvereins Steglitz e. V., Berlin o. J., S. 4ff.

33 Emmich galt damals als „Eroberer von Antwerpen" (7. August 1914).

34 „Führer des rechten deutschen Heeresflügels im Vormarsch auf Paris im August und September 1914". Hiller 1927, S. 59.

35 Befehlshaber der 3. Armee in der Marneschlacht (5.–12. September 1914). Zuvor war er für das Massaker von Dinant (21.–28. August 1914) mit 674 ermordeten belgischen Zivilpersonen und weitgehender Zerstörung der Stadt verantwortlich. Vgl. https://de.wikipedia.org/wiki/Massaker_von_Dinant (abgerufen 30.8.2024).

36 Hiller 1927, S. 59.

37 Gert Schubert, Rein sachliche Gesichtspunkte. Straßenbenennung in Berlin – Rechtsgrundlagen und Tendenzen. In: „Straßenname dauert noch länger als Denkmal". Die Benennung von Straßen in Berlin-Steglitz 1933–1948. Arbeitskreis Nationalsozialismus in Steglitz, hg. vom Bezirksamt Steglitz von Berlin, Abt. Bildung, Kultur, Jugend und Sport, Berlin 1999, S. 29.

38 Friedrich Freiherr Hiller von Gaertringen, „Falkenhayn, Erich von". In: Neue Deutsche Biographie 5 (1961), S. 11–15; https://de.wikipedia.org/wiki/Erich_von_Falkenhayn (abgerufen 31.8.2024).

39 Als Bewunderer Hitlers ließ er sich von den Nationalsozialisten propagandistisch vereinnahmen, ergriff jedoch auch Partei für die Bekennende Kirche und verurteilte Greueltaten während des Überfalls auf Polen. Er blieb bis zu seinem Tod preußischer Militär und Monarchist durch und durch. Vgl. hierzu Joachim Niemeyer, „Mackensen, August von". In: Neue Deutsche Biographie 15 (1987), S. 623–624; https://de.wikipedia.org/wiki/August_von_Mackensen (abgerufen 31.8.2024).

40 Aufgrund seines Telegramms an den Kaiser während der Belagerung von Tsingtau/Qingdao (13.9–7.11.1914), in dem er „Einstehe für Pflichterfüllung bis zum Äußersten" versprach, wurde er in weiten Kreisen der Kriegsbefürworter populär. Hiller 1927, S. 59; https://de.wikipedia.org/wiki/Alfred_Meyer-Waldeck (abgerufen 31.8.2024).

41 Zu Hans von Beseler (1850–1921) siehe Werner Conze, „Beseler, Hans von". In: Neue Deutsche Biographie 2 (1955), S. 176; https://de.wikipedia.org/wiki/Hans_von_Beseler; https://de.wikipedia.org/wiki/Liste_der_Straßen_und_Plätze_in_Berlin-Lankwitz#N (abgerufen jeweils 31.8.2024).

42 Kurt von Priesdorff, „Belling, Wilhelm Sebastian von". In: Neue Deutsche Biographie 2 (1955), S. 30; https://de.wikipedia.org/wiki/Wilhelm_Sebastian_von_Belling (abgerufen 31.8.2024).

43 Bernhard von Poten, „Retzow, Wolf Friedrich von". In: Allgemeine Deutsche Biographie 28 (1889), S. 277–278; https://de.wikipedia.org/wiki/Wolf_Friedrich_von_Retzow (abgerufen 31.8.2024).

44 John 1993, S. 102; https://berlin.kauperts.de/Strassen/Eiswaldtstrasse-12249-Berlin (abgerufen 31.8.2024).

45 Seit dem 6. Juli 1870 heißt eine Straße im heutigen Ortsteil Tiergarten nach Schill. Siehe https://de.wikipedia.org/wiki/Liste_der_Straßen_und_Plätze_in_Berlin-Tiergarten (abgerufen 6.9.2024).

46 Hermann Gackenholz, „Falkenhausen, Ludwig von". In: Neue Deutsche Biographie 5 (1961), S. 11; https://de.wikipedia.org/wiki/Ludwig_von_Falkenhausen (abgerufen 31.8.2024).

47 https://de.wikipedia.org/wiki/Günther_von_Pappritz (abgerufen 31.8.2024).

48 In die aus noch unbebauten Straßen zusammengelegte Wichurastraße wurde auch die seit 1925 existierende Mühlenhofstraße mit einbezogen. Zu Wichura vgl. https://de.wikipedia.org/wiki/Georg_Wichura (abgerufen 31.8.2024).

49 Hanns Möller, „Gallwitz, Max von". In: Neue Deutsche Biographie 6 (1964), S. 56–57; https://de.wikipedia.org/wiki/Max_von_Gallwitz (abgerufen 31.8.2024).

50 Karl-Heinz Lutz, „Mudra, Bruno von". In: Neue Deutsche Biographie 18 (1997), S. 260–261; https://de.wikipedia.org/wiki/Bruno_von_Mudra (abgerufen 31.8.2024).

51 Joachim Niemeyer, „Maercker, Georg". In: Neue Deutsche Biographie 15 (1987), S. 638–639; https://de.wikipedia.org/wiki/Georg_Maercker (abgerufen 31.8.2024).

52 Akte Straßenbenennungen, Band 6, Blatt 48.

53 Wrangel war auch an der Niederschlagung der demokratischen Revolution 1848 sowie an zahlreichen Kriegen bis 1871 beteiligt. John 1993, S. 390f.; Bernhard von Poten, „Wrangel, Friedrich Graf von". In: Allgemeine Deutsche Biographie 44 (1898), S. 226–232; https://de.wikipedia.org/wiki/Friedrich_von_Wrangel (abgerufen 1.9.2024).

54 Christian Simon, Gutshaus Steglitz. In: Ders., Lexikon Steglitz-Zehlendorf, Berlin 2004, S. 210.

55 John 1993, S. 127.

56 1931 wurde die Märkische Straße sowie der Teil der damaligen Lichterfelder Straße, welche heute südlich des Steglitzer Dammes liegt, mit einbezogen. Ernst Demmler, „Borstell, Ludwig von". In: Neue Deutsche Biographie 2 (1955), S. 478; https://de.wikipedia.org/wiki/Ludwig_von_Borstell (abgerufen 4.9.2024).

57 John 1993, S. 98 und 24.

58 Dijonstraße (vor 1914 benannt), Gravelottestraße (am 8. November 1912 benannt), Orleansstraße (vor 1914 benannt), Rezonvillestraße (vor 1914 benannt), Sedanstraße (um 1895 benannt) und die Vionvillestraße (am 8. November 1912 benannt). Vgl. John 1993.

59 Die Benennung erfolgte am 27. Oktober 1890. Er hatte an verschiedenen Schlachten des Deutsch-Französischen Krieges teilgenommen, unter anderem an der Schlacht von Gravelotte. John 1993, S. 142; Wilhelm Rohr, „Goeben, August von". In: Neue Deutsche Biographie 6 (1964), S. 505–506; https://de.wikipedia.org/wiki/August_Karl_von_Goeben (abgerufen 1.9.2024).

60 John 1993, S. 191f.; Adolph Hofmeister, „Stegen, Johanna". In: Allgemeine Deutsche Biographie 35 (1893), S. 560–562; https://de.wikipedia.org/wiki/Johanna_Stegen (abgerufen 1.9.2024).

61 https://www.gedenktafeln-in-berlin.de/tafeln_content/tafeln/Einladung_Lans-__Taku__Iltisstrasse.pdf; https://de.wikipedia.org/wiki/Wilhelm_von_Lans (abgerufen jeweils 1.9.2024).

62 Podbielski nahm bis 1891 an verschiedenen Kriegen teil. Nach dem Ausscheiden aus dem Militärdienst widmete er sich der Landwirtschaft. 1893–1897 war er Mitglied des Deutschen Reichstages und von 1901–1906 preußischer Landwirtschaftsminister. Als Präsident des Reichsausschusses für Olympische Spiele und Mitglied des IOC bereitete er die für 1916 in Berlin geplanten Olympischen Spiele vor. https://de.wikipedia.org/wiki/Liste_der_Straßen_und_Plätze_in_Berlin-Dahlem; Reinhord Zilch, „Podbielski, Viktor von". In: Neue Deutsche Biographie 20 (2001), S. 555–556; https://de.wikipedia.org/wiki/Victor_von_Podbielski_(Politiker,_1844) (abgerufen jeweils 1.9.2024).

63 https://de.wikipedia.org/wiki/Liste_der_Straßen_und_Plätze_in_Berlin-Zehlendorf (abgerufen 1.9.2024).

64 Nach Besuch der Kadettenanstalt nahm er an den Reichseinigungskriegen teil und war Vertrauter des Kronprinzen und späteren Kaiser Friedrich III. https://de.wikipedia.org/wiki/Liste_der_Straßen_und_Plätze_in_Berlin-Zehlendorf; Hans Bellée, „Blumenthal, Leonhard Graf von". In: Neue Deutsche Biographie 2 (1955), S. 331; https://de.wikipedia.org/wiki/Leonhard_von_Blumenthal (abgerufen jeweils 1.9.2024).

65 https://de.wikipedia.org/wiki/Liste_der_Straßen_und_Plätze_in_Berlin-Zehlendorf; Hans Branig, „Bülow von Dennewitz, Friedrich Wilhelm Graf". In: Neue Deutsche Biographie 2 (1955), S. 738–739; https://de.wikipedia.org/wiki/Friedrich_Wilhelm_Bülow_von_Dennewitz (abgerufen jeweils 1.9.2024).

66 Roon war an der Niederschlagung der demokratischen Revolution von 1848/1849 im Badischen sowie an den Reichseinigungskriegen beteiligt. Siehe Anm. 15.

67 Werder nahm unter anderem am Preußisch-Österreichischen Krieg 1866 sowie am Deutsch-Französischen Krieg 1870/1871 teil. Bernhard von Poten, „Werder, August Graf von". In: Allgemeine Deutsche Biographie 41 (1896), S. 762–766; https://de.wikipedia.org/wiki/August_von_Werder (abgerufen 1.9.2024).

68 Schlacht bei Mörchingen und Duß am 19. und 20. August 1914. https://de.wikipedia.org/wiki/Liste_der_Straßen_und_Plätze_in_Berlin-Zehlendorf; https://de.wikipedia.org/wiki/Morhange; https://de.wikipedia.org/wiki/Schlacht_bei_Mörchingen_und_Dieuze (abgerufen jeweils 1.9.2024).

69 Plüschow war sowohl Marineoffizier auf dem Schiff als auch Pilot in Tsingtau/Qingdao, dort auch Vorstand der Marineflieger. Nach dem Ersten Weltkrieg unternahm er mehrere Expeditionen nach Südamerika für Forschungsflüge und stürzte 1931 am Lago Argentino ab. https://de.wikipedia.org/wiki/Liste_der_Straßen_und_Plätze_in_Berlin-Zehlendorf; https://de.wikipedia.org/wiki/Gunther_Plüschow (abgerufen jeweils 1.9.2024).

70 Poß war im Ersten Weltkrieg Jagdpilot als Marineflieger, nahm danach an verschiedenen Luftrennen teil und stürzte bei einem Luftrennen ab. https://de.wikipedia.org/wiki/Liste_der_Straßen_und_Plätze_in_Berlin-Zehlendorf; https://de.wikipedia.org/wiki/Reinhold_Poss (abgerufen jeweils 1.9.2024).

71 https://de.wikipedia.org/wiki/Liste_der_Straßen_und_Plätze_in_Berlin-Zehlendorf; https://www.alltagskultur.lwl.org/de/blog/der-reitertod-des-axel-holst/; https://forum.axishistory.com/viewtopic.php?t=156335; https://berlin.kauperts.de/Strassen/Kramstaweg-14163-Berlin?query=kramstaweg; https://de.wikipedia.org/wiki/Raven_(Adelsgeschlecht) (abgerufen jeweils 1.9.2024).

72 https://de.wikipedia.org/wiki/Liste_der_Straßen_und_Plätze_in_Berlin-Schlachtensee; https://de.wikipedia.org/wiki/Marinesiedlung_(Berlin); https://denkmaldatenbank.berlin.de/daobj.php?obj_dok_nr=09075216 (abgerufen jeweils 1.9.2024).

73 https://de.wikipedia.org/wiki/Liste_der_Straßen_und_Plätze_in_Berlin-Schlachtensee (abgerufen 1.9.2024).

74 Zudem wurde folgender Hinweis angebracht: „Die Stadt Guernica wurde von der deutschen Flugstaffel der Legion Condor im spanischen Bürgerkrieg zerstört. Dieses Verbrechen forderte viele Opfer unter der Zivilbevölkerung." https://de.wikipedia.org/wiki/Liste_der_Straßen_und_Plätze_in_Berlin-Schlachtensee; https://berlin.kauperts.de/Strassen/Guernicaplatz-14129-Berlin (abgerufen jeweils 1.9.2024).

75 Katteweg am 16. Januar 1925 nach dem preußischen Leutnant Hans Hermann von Katte (1704–1730), dem Jugendfreund von Friedrich II., benannt, der auf Befehl von König Friedrich Wilhelm II. hingerichtet wurde. Die Von-der-Trenck-Straße erhielt am 1. Juni 1966 ihren Namen von dem preußischen Offizier, Autor und Abenteurer Friedrich von der Trenck (1727–1794). https://de.wikipedia.org/wiki/Liste_der_Straßen_und_Plätze_in_Berlin-Nikolassee; Pallua-Gall, „Trenck, Friedrich Freiherr von der". In: Allgemeine Deutsche Biographie 38 (1894), S. 568–569; https://de.wikipedia.org/wiki/Friedrich_von_der_Trenck (abgerufen 1.9.2024).

76 https://de.wikipedia.org/wiki/Liste_der_Straßen_und_Plätze_in_Berlin-Wannsee (abgerufen 1.9.2024).

77 https://de.wikipedia.org/wiki/Liste_der_Straßen_und_Plätze_in_Berlin-Wannsee; https://de.wikipedia.org/wiki/Louis_von_Colomier (abgerufen jeweils 1.9.2024).

78 https://de.wikipedia.org/wiki/Liste_der_Straßen_und_Plätze_in_Berlin-Wannsee; Hans Saring, „Herwarth von Bittenfeld, Eberhard“. In: Neue Deutsche Biographie 8 (1969), S. 721–722; https://de.wikipedia.org/wiki/Eberhard_Herwarth_von_Bittenfeld (abgerufen jeweils 1.9.2024).

79 https://de.wikipedia.org/wiki/Liste_der_Straßen_und_Plätze_in_Berlin-Zehlendorf; https://de.wikipedia.org/wiki/Lucius_D._Clay (abgerufen jeweils 1.9.2024). Vgl. auch Armin A. Woy, Berliner Schicksalsorte. 42 Orte, die Geschichte machten, Berlin 2018, S. 130.

80 https://de.wikipedia.org/wiki/Liste_der_Straßen_und_Plätze_in_Berlin-Dahlem (abgerufen 1.9.2024).

81 https://de.wikipedia.org/wiki/Liste_der_Straßen_und_Plätze_in_Berlin-Nikolassee (abgerufen 1.9.2024) sowie https://www.gedenktafeln-in-berlin.de/gedenktafeln/detail/opfer-der-berliner-luftbruecke (abgerufen 21.10.2024).

82 Direkt neben den Gebäuden des damaligen Telefunkenwerks wurde in der Zeit des Nationalsozialismus ein Versuchsstück des 4. Ringes, Teil eines von den Nationalsozialisten geplanten Ringstraßensystems für Berlin, gebaut.

83 https://de.wikipedia.org/wiki/Liste_der_Straßen_und_Plätze_in_Berlin-Lichterfelde (abgerufen 1.9.2024).

84 https://www.berlin-mauer.de/videos/weihnachten-in-der-exklave-steinstuecken-588/ (abgerufen 23.10.2024).

85 Vorschlag des Vermessungsamtes Steglitz bezüglich der Rathstraße (heute Gritznerstraße), der Gerhard-Weber-Straße (heute Stirnerstraße), der Doellestraße (heute Sembritzkistraße) und Leibstandartenweg (heute Ortlerweg) vom 7. Juli 1945. Akte Straßenbenennungen, Band 7, Blatt 3. Später kam noch die Schlageterstraße (heute Spinozastraße) hinzu.

86 Akte Straßenbenennungen, Band 7, Blatt 71.

Kurzbiografien der Autorinnen und Autoren

Christiana Brennecke, Dr. phil., Historikerin, arbeitete als Ausstellungskuratorin und Pressereferentin für das Badische Landesmuseum, das Deutsche Historische Museum und das AlliiertenMuseum. Seit 2019 ist sie Wissenschaftliche Mitarbeiterin für Regionalgeschichte im Fachbereich Kultur Steglitz-Zehlendorf.

Dieter Fitterling (1936–2024), Historiker, hat sich Zeit seines Lebens für die Erinnerung an das jüdische Leben in Steglitz und für die Aufarbeitung der Geschichte des Nationalsozialismus im Bezirk Steglitz-Zehlendorf eingesetzt. Neben zahlreichen Beiträgen in Publikationen des Fachbereichs Kultur erinnert heute vor allem die Spiegelwand auf dem Hermann-Ehlers-Platz an sein unermüdliches Engagement.

Claudia von Gélieu, Politikwissenschaftlerin, freiberufliche Frauengeschichtsforscherin und -vermittlerin, Mitinitiatorin des Netzwerkes Frauentouren, seit 1991 frauenhistorische Stadt- und Friedhofsführungen im Bezirk Steglitz-Zehlendorf, ausgezeichnet mit dem Frauenpreis des Berliner Senats

Thomas Irmer, Politikwissenschaftler, forscht zur Geschichte der Elektroindustrie, zur NS-Zwangsarbeit und zu totalen Institutionen. Er arbeitet als Ausstellungskurator für NS-Gedenkstätten und Berliner Regionalmuseen sowie als Lehrbeauftragter.

Tom Werner ist freischaffender Historiker und seit vielen Jahren Vermittler. Ein Schwerpunkt seiner Arbeit ist die Entwicklung der Naturwissenschaften und der Medizin, ein weiterer die politische Bildung. Er arbeitet zudem als Übersetzer (Englisch und Italienisch).

Armin A. Woy studierte Soziologie, Psychologie, Neuere Geschichte sowie Stadt- und Regionalplanung. Seit vielen Jahren führt er Seminare, Vorträge, Stadtführungen und Exkursionen in Berlin und Brandenburg durch. Als Lehrender wirkt er an Fachakademien und Bildungseinrichtungen in den Bereichen Kultur/Geschichte/Politik, Architektur/Städtebau und Verkehrswesen. Er ist Autor von Publikationen zu Steglitz-Zehlendorf, Berlin und Brandenburg.

Abbildungsnachweise

S. 6: Straßenschild an der Spanischen Allee, Foto: Ludger Paffrath, 2024

S. 12: Umbenennung des Maerckerweges in Maria-Rimkus-Weg am 17. Februar 2023, Foto: Fachbereich Kultur Steglitz-Zehlendorf

S. 24: Karte von Berlin-Zehlendorf – Östl. Teil (Ausschnitt), Stand März 1939 mit nachträglicher Markierung der nach 1945 umbenannten Straßen, Landesarchiv Berlin, F Rep. 270A 721 Bl Ost Ex. 7

S. 34: Schreiben vom 30. September 1935, Straßenbenennungsakten Steglitz, Bd. 4/5, Straßen- und Grünflächenamt Steglitz-Zehlendorf

S. 48: Straßenschild in der Waldsiedlung Krumme Lanke, Foto: Ludger Paffrath, 2024

S. 58: Die Lans- und Iltisstraße in Berlin-Dahlem, Foto: Ludger Paffrath, 2024

S. 68: Anbringung von Kontextualisierungsschildern am Hindenburgdamm durch das Aktive Museum Faschismus und Widerstand in Berlin e.V. im März 1996, Foto: Jürgen Henschel